CONSELHOS
a uma
RECÉM-CASADA

ALICE VON HILDEBRAND

CONSELHOS
a uma
RECÉM-CASADA

OS DESAFIOS DA VIDA A DOIS SÃO
A CHAVE PARA A SUA FELICIDADE

TRADUÇÃO LORENA MIRANDA CUTLAK
PREFÁCIO SAMIA MARSILI

3ª EDIÇÃO

petra

Título original: *By Love Refined*

Copyright © 2016 por Alice von Hildebrand

Direitos de edição da obra em língua portuguesa no Brasil adquiridos pela PETRA EDITORIAL LTDA. Todos os direitos reservados. Nenhuma parte desta obra pode ser apropriada e estocada em sistema de banco de dados ou processo similar, em qualquer forma ou meio, seja eletrônico, de fotocópia, gravação etc., sem a permissão do detentor do copirraite.

Petra Editora
Rua Candelária, 60 - 7º andar - Centro - 20091-020
Rio de Janeiro - RJ - Brasil
Tel.: (21) 3882-8200

DADOS INTERNACIONAIS DE CATALOGAÇÃO NA PUBLICAÇÃO (CIP)

H642c

    Hildebrand, Alice von

        Conselhos a uma recém-casada/ Alice von Hildebrand; tradução de Lorena Miranda Cutlak; prefácio de Samia Marsili. – 3.ed. – Rio de Janeiro: Petra, 2022.

    184 p.; 13,5 x 20,8 cm

    Título original: By love refined
    ISBN: 978-65-88444-75-7

    1. Desenvolvimento pessoal. I. Cutlak, Lorena Miranda. II. Título.

CDD: 155
CDU: 173

André Queiroz – CRB-4/2242

Conheça nosso site:

*Para meus amigos Maedel Hutton
e Nick e Jane Healy
com gratidão.*

*Num coração disposto a dar abrigo
sempre há um teto capaz de abrigar.*

Sören Kierkegaard

Sumário

14	Prefácio
18	"Grandioso é o amor!"
20	"Cuidar da casa dá tanto trabalho!"
22	"Casados não podem se ocupar com ninharias."
24	"Sim, ele é o homem certo para mim."
26	"Por que as pessoas dizem que o amor é cego?"
28	"Simplesmente não consigo estar bem-humorada pela manhã."
30	"Tantas festas!"
32	"Sexo ainda me causa um certo desconforto."
34	"Eu gostaria que o sexo nos aproximasse mais."
38	"Ele estala os dedos o tempo todo."
41	"Ela não tinha o direito de fazer aquelas perguntas."
44	"A intimidade física pode ser bela e espiritual!"
46	"Doeu muito ouvi-lo dizer isso."

48	"Ficamos muito felizes por ver você."
51	"Michael e eu tivemos uma conversa emocionante!"
53	"Antes de eu me sentar à mesa, ele já terminou de comer."
55	"Ele chegou em casa mal-humorado."
58	"Nós damos muitas risadas juntos."
61	"Às vezes, as brincadeiras dele magoam."
63	"Nós nos divertimos muito no concerto de Natal."
65	"O trabalho doméstico é tão estúpido!"
68	"Eu gosto de servi-lo!"
70	"Quem deve varrer o chão?"
72	"Eu quero uma lavadora de louças; ele, um aparelho de som."
76	"Eu pensei que ele fosse gostar dos planos que fiz para nós."
79	"Estamos um pouco distantes ultimamente."
81	"Eu não o deixei terminar de falar."
83	"Ele ignorou a dor que eu estava sentindo."
85	"Muitas coisas bobas me irritam."
88	"Eu acho beisebol chato e Michael não gosta de arte."

91	"Meus planos para a noite foram arruinados."
93	"Não entendo por que ele se ofendeu."
95	"Ainda estou brava com ele."
97	"Se ele tivesse me ouvido…"
99	"Mas eu não quero estimular o orgulho dele."
101	"Quer dizer que é errado criticar Michael?"
103	"Ele não mexeu um dedo para me ajudar."
105	"Eu não me importo de estar bem-vestida."
106	"Por que não posso ser simplesmente eu mesma?"
110	"Foi uma briga séria."
113	"Ele se irrita quando eu digo 'sempre'."
115	"É tão difícil mudar."
117	"Talvez seja melhor eu parar de trabalhar fora."
119	"Michael chegou em casa em um momento complicado."
121	"Devemos levar para casa os problemas do trabalho?"
123	"Tenho feito muitas horas extras."

126	"Nosso casamento não tem sido o mesmo ultimamente."
129	"Conviver será difícil esta semana…"
133	"O casamento deles parece tão perfeito."
135	"Talvez eu o critique demais."
138	"Eu pedi perdão a ele."
139	"Ele esqueceu nosso aniversário de casamento!"
143	"Estou tentando entender o ponto de vista dele."
145	"Ensinando a ele como ser sensível."
146	"Por que ele não diz 'eu te amo' com mais frequência?"
147	"Decidi trabalhar apenas meio período."
148	"Ele tem trabalhado demais."
150	"Ele se irritou tanto por uma bobagem."
152	"Não consigo ignorar todos os defeitos dele."
156	"O colega de Michael só se preocupa com dinheiro."
158	"Nossa vida íntima tem sido enfadonha."

161 "Eu devo amá-lo só para trazê-lo para casa?"

164 "Eu achava que sabia amar."

167 "Estou aprendendo a me perdoar."

168 "Tenho tentado rezar mais."

172 "Nosso bebê nasce em junho!"

176 Referências

Prefácio

Não há mais belo vínculo entre dois seres do que o matrimônio. Quem é chamado ao estado matrimonial encontra nele — com a graça de Deus — tudo de que necessita para ser santo, para se identificar cada dia mais com Jesus Cristo e para levar ao Senhor as pessoas com quem convive.

No entanto, é verdade que isso pode parecer um tanto abstrato. No dia a dia, as preocupações podem não ter fim — cuidado do lar não "acaba", parece distante de algo tão etéreo como a "santidade". E não apenas os cuidados práticos, de limpeza, de alimentação — mas sobretudo a criação de um lar digno desse nome. O papel de esposa transcende os afazeres domésticos, e em um grau elevadíssimo.

E como se dá esse processo de criação do lar? Não há dúvidas: pela entrega. A entrega é a pedra de toque do amor, da alegria. Por meio da entrega abnegada, toda a vida se enche de uma bendita loucura, que faz encontrar felicidade onde a lógica humana não vê senão sacrifício, padecimento, dor.

Eis por que será sempre motivo de júbilo ler estas páginas de Alice von Hildebrand. Afinal, as cartas que aqui se encontram, escritas por uma madrinha à sua afilhada recém-casada, poderiam ser cartas para todas nós, recém-casadas ou não, uma vez que se debruçam sobre aquelas dificuldades comuns no trato entre duas pessoas que, de súbito, depois do casamento, devem conviver intensamente e se conhecer com mais profundidade, encantando-se com as qualidades umas das outras e incomodando-se com seus defeitos.

Naturalmente, o que se coloca aqui é a necessidade inescapável de uma atitude interior diferenciada, de modo que as demandas, os problemas e as provações do vínculo conjugal sejam colocados sob uma perspectiva da construção de um elo cada vez mais profundo e comprometido com o outro — um elo cujo alicerce é a fidelidade, ou seja, a atualização do amor no tempo por meio das nossas obras e boas disposições.

A madrinha destas cartas bem sabe que, com o passar do tempo, podemos ter a sensação de que o amor que tínhamos antes do casamento não existe mais... O que é verdade. Quando namoramos, quando noivamos, ou mesmo no início da vida a dois, nosso amor ainda precisa amadurecer, precisa ser fortalecido, e isso se dá com o passar dos dias, com os acontecimentos positivos e os desafiadores que se apresentam no decorrer da nossa vida conjugal. Nas palavras de São Josemaria Escrivá, "formaria um pobre conceito do matrimônio e do amor humano quem pensasse que ao tropeçar com essas dificuldades, o carinho e o contentamento se acabam. É precisamente então que os sentimentos que animavam aquelas criaturas revelam a sua verdadeira natureza, que a doação e a ternura se enraízam e se manifestam com um afeto autêntico e profundo, mais poderoso que a morte" ("O matrimônio, vocação cristã", in: *É Cristo que passa*, São Paulo: Quadrante, 2009, ponto 24).

O amor esponsal se dá em três níveis. O primeiro é o da atração física: trata-se do nível mais básico de amor conjugal, o primeiro do ponto de vista cronológico. Ele é o pontapé da aproximação, do desejo de estar perto, de querer se aprofundar naquele relacionamento. Apesar de inicial, básico e superficial, não pode ser abandonado. Não podemos, afinal, amar o que não conhecemos, e nada é conhecido sem antes ter passado pelos sentidos.

Portanto, o primeiro movimento do amor é o olhar. Sem dúvida, precisamos aprender a olhar com os olhos da alma, mas, até alcançarmos esse nível de maturidade do amor, precisamos dos sentidos mais básicos. Cuidar da aparência física, do perfume, da boa forma de falar, do trato agradável, de um carinho.

O segundo nível consiste na atração afetiva, o "apaixonamento". Nele estamos mais atentos ao modo de ser, às qualidades do caráter (sinceridade, alegria, simpatia, maturidade...); essa observação e esse encantamento levam a querer conversar, a ficar junto, à confidência. Ainda não se trata de um amor total. Se quer, mas não se aceita os defeitos do outro: quase que preferimos não vê-los. Queremos o outro, mas não mais do que a nós mesmos.

Esse "apaixonamento" precisa ser alimentado ao longo da vida de casados. No início da convivência matrimonial, tudo são flores, mas logo começamos a perceber hábitos e manias que nos parecem atrapalhar a convivência. De início podem ser tolerados, mas com o tempo se tornam um problema: mau humor matinal, comer fazendo barulho, uma ligação frequente para a mãe, não tomar banho antes de deitar-se, falar alto, deixar as cuecas jogadas... Este livro não descuida nem mesmo disso. E, com ele, aprendemos que, por um lado, precisamos estar atentos ao que incomoda nosso cônjuge e podemos fazer de outra forma. Por outro, precisamos crescer em compreensão, passar por alto as suas faltas, manias e maus hábitos.

No terceiro nível do amor esponsal, está o amor em que se quer a pessoa como ela é; ama-se o outro com seus defeitos. Isso não significa que não se deve querer melhorá-los, mas esse desejo é pelo bem do outro, e não pelo incômodo que nos causa. Há aqui uma fusão de vida: o "eu" se transforma em "nós". Trata-se de um amor estável, de um amor verdadeiro. De um amor realmente humano, com todas as suas características indispensáveis: total, exclusivo, fiel e fecundo.

Quem vier a ler estas cartas escritas tão magnificamente por Alice von Hildebrand não escapará, tenho certeza, ao desejo de querer alcançar esse nível máximo do amor. É mesmo esse o grande mérito deste livro: ensinar-nos que o casamento é uma grande construção e que toda grande construção é feita a base de pequenas coisas, de um tijolo e outro, de partes ocultas aos olhos de terceiros, mas sem as quais não seria possível construir o todo. E essas partes não são, de modo algum, sentimentos abstratos, mas uma entrega com obras, na certeza de que o amor humano, quando verdadeiro, nos faz saborear, já aqui na terra, do amor divino que experimentaremos no céu.

Samia Marsili

"Grandioso é o amor!"

Querida *Julie*,

Finalmente, seu mais intenso desejo tornou-se real: amar um homem, ser por ele amada e a ele unir-se em matrimônio por livre e espontânea vontade, "até que a morte os separe".

Aqui começa sua grande missão. Juntos, você e Michael tecerão com os fios desta nova vida os diversos temas que discutimos ao longo de seu noivado: a beleza do casamento — suas dificuldades, suas alegrias — e o poder que o amor tem de aliviar os fardos e as tristezas da rotina conjugal.

Sei que você compreende muito bem as palavras de Thomas a Kempis, "Grandioso é o amor". O mesmo se pode dizer a respeito do casamento: é o mais completo, o mais intenso, o mais belo vínculo possível entre dois seres humanos.

Porém, como todas as grandes coisas da vida, o casamento é um risco — um "ato de ousadia" (como dizia Kierkegaard). E, por isso, aqueles que se recusarem a dar qualquer passo que ameace sua segurança jamais terão um casamento feliz. Você e Michael têm em suas mãos o poder de criar um paraíso na Terra, ou um inferno. Não é segredo para ninguém que o casamento pode, com terrível facilidade, tornar-se um inferno para o casal. Mas lembre-se também de que, humanamente falando, um grande amor entre marido e esposa pode ser a mais profunda fonte de felicidade neste mundo.

Como é maravilhoso ver a beleza de outra alma, amá-la e então poder compartilhar de sua intimidade — tornar-se, de verdade, uma só carne com ela! Não há experiência terrena maior do que essa comunhão de almas, mentes, corações e corpos, e por isso meu marido gostava de se referir a ela como "um resquício do paraíso na Terra".

Esse amor conjugal, tão sublime, é um dom, que precisa ser cultivado e protegido. Por conta das imperfeições humanas, o casamento enfrenta as mais diversas dificuldades, mesmo entre pessoas (como você e Michael) que se amam muito. Você em breve perceberá que, embora o amor seja um dom, é também necessário aprender a recebê-lo, sobretudo em meio à nossa vida cotidiana, que não é um conto de fadas, mas uma sequência de demandas, problemas e provações.

Não há tradição ou observador externo capaz de garantir que você e Michael serão felizes no casamento. Vocês terão de enfrentar seus problemas conjugais por conta própria. O sucesso não dependerá de circunstâncias exteriores, mas da atitude interior que tomarem. Vocês estão dispostos a lutar pelo bem de seu casamento, confiantes de que seu amor mútuo, fortalecido pela graça, será vitorioso apesar das tempestades que ameaçam toda e qualquer empreitada humana?

Sei que você já está experimentando as esperanças e delícias do casamento, e que assim será pelos próximos meses. Meu coração transborda de alegria por você!

Sempre sua amiga,
Lily

"Cuidar da casa dá tanto trabalho!"

Querida *Julie*,

Quanta diferença entre o encanto de sua festa de casamento, a delícia de sua lua de mel e as muitas tarefas que agora a sobrecarregam, tendo de organizar uma casa e estabelecer uma rotina, dispondo de um orçamento apertado. Que bom que você tem conseguido realizar essas tarefas com a alegria de estar apaixonada, que alivia todos os fardos.

Embora por carta seja mais difícil do que pessoalmente, tentarei compartilhar com você algumas experiências de meu próprio casamento e das vidas de centenas de minhas amigas e alunas casadas, que ao longo dos anos me tiveram por confidente.

Nós já passamos por tudo isso, e talvez nossas trajetórias possam ajudar você e Michael a enfrentarem a presente tarefa de construir um lar juntos, evitando alguns dos nossos erros.

Trata-se de uma tarefa especialmente dificultosa, pois uma casa deve ser muito mais do que um lugar onde as pessoas comem e dormem. Sua casa deve ser o local onde vocês fincarão suas raízes, um lugar que acolha e proteja a ambos, distante da agitação da vida profissional. Deve ser um lugar onde possam descansar espiritualmente e ousar serem vocês mesmos, sabendo que ali são amados.

Cada um de vocês, neste momento, deve criar este "espaço" espiritual onde suas vidas florescerão. Isso é muito diferente de ganhar um salário, consertar o carro e lavar a roupa ou a louça.

Sua missão como esposa transcende em muito os afazeres domésticos, para os quais pode contratar ajuda especializada. Você deve criar um ninho de amor em sua casa, fazer dela um lugar onde seja agradável estar.

Há uma descomunal diferença entre desempenhar funções servis para ganhar dinheiro e pagar contas e fazê-lo porque sua maior alegria é criar um lar para o seu amado Michael, a pessoa mais próxima de você neste mundo!

Vistos do lado de fora, os vitrais das janelas de uma igreja parecem baços e obscuros; mas, quando entramos na igreja e vemos as mesmas janelas iluminadas pelos raios do sol, descobrimos sua inacreditável beleza.

A luz do sol transforma os vitrais das janelas em magníficas obras de arte. Do mesmo modo, você deve deixar que seu amor por Michael transforme as pequenas e tediosas tarefas do dia a dia em magníficas obras de amor.

Com todo o meu carinho,
Lily

"Casados não podem se ocupar com ninharias."

Querida *Julie*,

Agradeço por sua franqueza; ela facilita meu trabalho como sua madrinha. Você diz que, embora a analogia dos vitrais seja muito tocante, ainda assim, pessoas casadas que realmente se amam devem se ocupar de "coisas grandiosas e belas" e não se devem deixar perturbar por ninharias.

Roy discordaria.

Ele e minha amiga Evelyn são casados há 35 anos. Ela é desleixada e ele, meticuloso. Durante a lua de mel dos dois, Roy percebeu que ela sempre deixava o tubo de pasta de dente aberto. Pediu para tampar o tubo, mas ela riu e disse que ele tinha as manias de uma tia velha. Mesmo após incontáveis súplicas para que sua esposa mudasse de comportamento, nada feito. Passados 35 anos, o tubo continua sem tampa e Roy se resignou.

Compare isso com a seguinte atitude do meu marido. No início de nosso casamento, percebi que, após o banho, ele sempre deixava o sabonete dentro de uma pocinha de água, para se desintegrar lentamente e se tornar uma gosma disforme — algo que para mim é muito desagradável. Chamei a atenção dele. Desde então, ele decidiu secar o sabonete após cada uso — a ponto de eu não conseguir saber, só de olhar, se o sabonete foi usado. (Além disso — o que era típico do meu marido —, ele também passou a ter nojo de sabonetes derretidos.) Isso me comoveu tanto, que até hoje meu coração se enche de gratidão apaixonada quando penso nesse pequeno, mas tão significativo gesto de amor.

Meu marido foi um marido excelente. E, por sê-lo, buscava fazer com amor mesmo as menores coisas e estava sempre disposto a mudar de comportamento para agradar sua esposa em todas as questões. Esta é uma característica típica dos grandes amores.

Estou certa de que, com o aprofundamento de seu amor por Michael, você também perceberá que, quanto mais amamos, mais o amor permeia até mesmo os aspectos corriqueiros da vida.

Com amor,

"Sim, ele é o homem certo para mim."

Querida *Julie*,

Alegra-me saber que seu amor por Michael já se tornou mais profundo nessas quatro semanas em que você o conhece como marido (e não mais como noivo). É evidente que agora o vê com os "olhos do amor".

Vemos os outros como uma caricatura do que realmente são; conseguimos discernir neles apenas o que são num dado momento, e não o que estão destinados a ser.

Em outros casos, enxergamos apenas o que as pessoas nos permitem ver; elas escondem seu ser verdadeiro, pois já se machucaram muito ou temem ser mal interpretadas.

Ainda assim, mesmo que na maioria das vezes não o percebamos, todas as pessoas foram criadas à imagem e semelhança de Deus; cada uma tem seu modo de refletir o Criador e possui dentro de si uma inacreditável beleza, quase sempre escondida sob a poeira e a lama do pecado.

Quando se apaixonou por Michael, recebeu um grande dom: seu amor fez com que você transpusesse as aparências e visse quem ele realmente é — quem ele deve ser, no sentido mais profundo da expressão. Você descobriu o "nome secreto" de Michael.

Quem ama tem o privilégio de ver, com incrível intensidade, a beleza da pessoa amada — enquanto os outros veem nela primeiramente seus atos exteriores e em especial seus defeitos. Hoje, você vê seu marido com mais nitidez do que qualquer outro ser humano.

Posso ilustrar o que estou dizendo com uma passagem do Evangelho (cuja sabedoria é tanta, que interessa até mesmo a um ateu). Você se lembra da passagem bíblica da Transfiguração? Os apóstolos foram com Jesus ao topo do Monte Tabor e lá, de repente, Jesus se tornou radiante e suas roupas ganharam um tom branco incandescente. Pela primeira vez, os apóstolos puderam ver Jesus de forma direta, vestido em Sua glória como Deus. Ele se transfigurou aos olhos de seus espectadores.

Do mesmo modo, quando você se apaixonou por Michael, pôde ver sua verdadeira face, sua beleza única: com os olhos do amor, pôde ver a "versão Monte Tabor" de Michael.

Confie nessa visão iluminada que você teve. Recupere-a todos os dias em seu coração e deixe que ela alimente seu amor. Se você fizer dela a base de sua fidelidade a Michael, seu casamento será rico de verdade.

Com todo o meu amor,
Lily

"Por que as pessoas dizem que o amor é cego?"

Querida *Julie*,

Não se deixe perturbar pelos comentários que ouviu no piquenique do dia da independência. Não é de surpreender que seus colegas de trabalho não entendam o motivo de você se apaixonar por Michael.

Tenha em mente que a pessoa que vê pode julgar aquilo que vê; mas aquele que não vê é, por sua própria conta, cego. Você percebe a bondade e a beleza de Michael; eles, não. Confie no que você vê, e não na cegueira alheia.

As pessoas só conseguem perceber os fatos neutros a respeito de Michael (sua altura, a cor de seus olhos, a forma como ele ri e os tipos de atividades que o interessam). Isso, todos podem ver. Mas você pode ver mais — inclusive a nobreza e a bondade de seu marido.

Como disse em minha última carta, mesmo os fatos neutros de que se compõe a existência de Michael são mais completos aos seus olhos de esposa, pois você sabe de coisas a respeito dele que a mera aparência física não denuncia. Para saber o mesmo que você, as pessoas precisariam perguntar: onde e quando ele nasceu, se tem irmãos ou irmãs, quem são seu pai e sua mãe. Quanto mais alguém se aproximar dele, mais informações saberá, porém, terá de ser um amigo muito próximo, em quem Michael tenha total confiança, a ponto de revelar sua vida privada, suas desilusões, suas alegrias, suas esperanças, suas feridas, seu eu interior.

Tudo isso pertence à esfera íntima da vida de Michael, que inclui as dimensões espiritual, psicológica e mesmo física de seu ser. São coisas tão profundamente pessoais, que não podem ser reveladas aos olhos de estranhos; são privadas por natureza e serão reveladas apenas em um ambiente de amor, onde sejam tratadas com respeito e reverência.

Quanto mais nos aproximamos de outra pessoa e passamos a confiar nela, mais desejamos conhecê-la, penetrar seu ser mais íntimo e permiti-la nos conhecer também.

Quando você se apaixonou por Michael, pôde vê-lo como ele realmente é — a face que ele costuma esconder dos outros, por pertencer à sua esfera íntima e por ele não desejar se expor diante de pessoas que não lhe tenham reverência e amor.

É correto nos protegermos de olhares indiscretos e indiferentes, assim como é correto nos revelarmos à pessoa que amamos e em quem confiamos. Isso está acontecendo entre você e Michael. Hoje, você o conhece melhor do que qualquer outra pessoa, pois ele, confiando em você, se revelou de maneiras como jamais fizera antes com alguém.

Essa entrega mútua é o ideal do casamento e o motivo pelo qual o seu amor por Michael não é cego, muito pelo contrário: baseia-se no fato de conhecê-lo mais profundamente e de ter uma visão mais nítida do que qualquer outro. Apenas quem ama vê; e aqueles que veem com mais clareza, amam mais intensamente.

A visão privilegiada que você tem de Michael lhe permite amá-lo com um amor profundo. Confie nesse amor e o alimente. Ele será para você uma fonte de incontáveis alegrias.

Com carinho,
Lily

"Simplesmente não consigo estar bem-humorada pela manhã."

Querida *Julie*,

Diz o escritor francês Balzac: "É mais fácil ser um amante do que ser um marido, pois é mais fácil dizer coisas inteligentes de vez em quando do que dizê-las todos os dias."

Balzac tem em mente o fato de que um relacionamento ilícito se limita a um curto período de tempo, durante o qual a pessoa pode mostrar sua porção mais atraente. Já um casamento é um casamento, seja de manhã cedo ou tarde da noite. Essa é uma das dificuldades comuns a todos os casados: eles estão juntos mesmo quando não são atraentes.

Dormir com seu cônjuge é uma belíssima experiência de intimidade — como você já sabe; mas também significa que vocês acordarão juntos, o que, para a maioria das pessoas, não é o melhor momento do dia. Estamos desarrumados, sonolentos, sem vontade de conversar e normalmente na correria que antecede o dia de trabalho.

Se esse aspecto potencialmente decepcionante da intimidade conjugal não for contrabalanceado pelo aprofundamento do amor e da vida espiritual do casal — e por uma boa dose de paciência —, pode causar dificuldades que de fato não existem em relacionamentos passageiros.

Há diversos modos de lidar com esse problema. Se seu humor não for bom pela manhã, converse sobre o assunto com Michael — mas espere até mais tarde, quando estiver mais acordada e com os pensamentos mais organizados. Diga-lhe que sente muito e que está tentando mudar, embora seja difícil. Garanta-lhe que de manhã cedo você não é a mesma e peça para ele evitar discussões nesse horário, pois há grandes chances de que terminem mal. (Michael não lhe pediu o mesmo, em relação a quando chega do trabalho cansado e mal-humorado?)

Sim, Balzac tem razão: é mais fácil ser uma amante do que uma esposa, pois é mais fácil ser atraente de vez em quando do que todos os dias, o tempo inteiro. Nossa preocupação, porém, não é com *o que é mais fácil*, e sim com *o que é mais belo*: um relacionamento baseado em sentimentos passageiros ou um amor profundo e duradouro, selado pelo casamento, no qual o casal se ama na alegria e na tristeza, na saúde e na doença, até que a morte os separe.

O casamento é o belo mistério do amor *fiel* — um tema tão profundo e tão fascinante, que faz romper em mim uma torrente de pensamentos que desejo compartilhar com você. Seu casamento será abençoado, pois você e Michael percebem a maioria dos perigos e estão trabalhando para evitá-los com as armas do amor.

Transmita a Michael meus mais afetuosos cumprimentos,
Lily

"Tantas festas!"

Querida *Julie*,

Que vida social movimentada, a de vocês! Gosto de saber que você e Michael têm se divertido juntos; no entanto, tenha cuidado para que isso não ofusque a dimensão mais profunda de seu casamento.

Idas ao cinema e jantares com amigos são ótimos, porém, apenas vocês dois, a sós, podem construir uma relação "eu-tu", na qual seu relacionamento é o único tema de interesse. Nessa relação especial, nenhuma pessoa ou objeto exterior deve distrair a atenção de vocês: é preciso que olhem um para o outro, dentro dos olhos um do outro, dentro de suas almas, e desfrutem exclusivamente da presença um do outro.

Essa relação de alma para alma deve ser o coração de seu casamento e precisa ser aprofundada e enriquecida sempre, para que o amor de vocês cresça. Sei de vários casamentos que esfriaram ou mesmo terminaram porque o envolvimento com outras pessoas ou com os filhos se tornou tão predominante, que a dimensão "eu-tu" ficou abandonada. Os casais pararam de prestar atenção um no outro para se dedicar a outras atividades.

Esteja atenta e evite que tenham esse problema. É comum, especialmente entre recém-casados, que os dois se deixem levar por esse incansável turbilhão de festas e outras atividades (sem contar com o trabalho), de modo que, à noite, caem na cama exaustos, porém sem ter desenvolvido, ao longo do dia, qualquer proximidade pessoal um com o outro.

Com o passar do tempo, a vida conjugal de vocês será ainda mais corrida (sobretudo quando tiverem filhos) e haverá mais obstáculos para a doce e despreocupada intimidade de que vocês hoje desfrutam (e que deve ser preservada a qualquer custo). Portanto, agora é a hora de desenvolver uma relação "eu-tu" com Michael, uma relação que terão de alimentar ao longo de toda a vida.

Seu tempo um para o outro diminuirá aos poucos, mas vocês não devem permitir que isso sirva como desculpa para evitar conversas íntimas. Mais do que tudo, nunca deixem que seus encontros a sós se limitem à esfera sexual, que deve ser sempre uma *manifestação* de sua união espiritual, não o único momento que vocês têm juntos.

O sucesso do casamento é menos uma questão de tempo do que de nutrir um desejo amoroso. Madre Teresa de Calcutá foi, sem dúvida, uma das pessoas mais ocupadas sobre a Terra, e ainda assim passava horas absorta em prece e em contemplação amorosa de nosso Salvador. Era assim, e somente assim, que ela encontrava a força física e espiritual para enfrentar seus afazeres tão extenuantes.

Do mesmo modo, ao longo de seu casamento, deve reservar momentos para vocês, nos quais possam se esquecer de tudo, conversar um com o outro, concentrar-se exclusivamente um no outro e reviver seu amor. Nesses momentos, Michael e seu amor por ele devem ser o grande tema, o qual tudo absorva. Tais momentos de intimidade aumentarão a devoção mútua entre vocês e proporcionarão a ambos uma profunda felicidade.

Tenho-os sempre em minhas orações.

Com amor,

"Sexo ainda me causa um certo desconforto."

Querida *Julie*,

Quando começou a se sentir atraída por Michael, você me telefonou para discutir sua afeição crescente por ele, pois era um sentimento de força perturbadora e cujo significado ainda não estava claro. Enquanto conversávamos, seu irmão caçula entrou no quarto e você pediu a ele que saísse para que pudéssemos continuar.

Será que uma conversa sobre amor é imprópria ou vergonhosa, a ponto de você não querer tê-la na frente de seu irmão? Ou será que naquele momento você já percebera que sua atração por ele era algo muito íntimo, profundo e pessoal, que Bobby não poderia compreender e do qual talvez até risse?

Você me contou que corou quando ele entrou no quarto; estou certa de que o mesmo aconteceria se fosse flagrada fazendo algo errado. Embora exteriormente essas duas expressões de embaraço pareçam idênticas, sua motivação é bem diferente: a vergonha é essencialmente diversa disso que eu chamaria de "timidez santa". A vergonha é a resposta apropriada a algo feio ou mau; a timidez santa é nossa resposta a algo belo e íntimo.

Seu amor por Michael era por natureza algo íntimo, e que desejava compartilhar apenas com as poucas pessoas que tinham sua absoluta confiança. Ora, também a esfera sexual, que pertence a uma camada muito profunda de sua alma, é por natureza muito íntima e, assim, suscita a timidez santa. Atos malignos *são* vergonhosos; mas não há vergonha alguma associada às relações sexuais entre marido e mulher. Longe disso: essa forma de união é uma bela manifestação do amor conjugal.

A modéstia é a virtude que guarda a esfera íntima de sua sexualidade, assegurando que ela não seja profanada. Por você amar Michael e ele a amar — e por selarem esse amor com o compromisso integral e indissolúvel do matrimônio — é correto convidá-lo a desvendar essa porção misteriosa de sua alma. O mútuo compromisso entre vocês, enraizado no amor, deve ser sua fonte de coragem para desvelar seu corpo diante de Michael, sabendo que, sexualmente, ele se entregará a você por amor.

Este desvelamento físico é uma nova forma de entrega, um dom único que complementa e plenifica a entrega psicológica e espiritual que já havia entre vocês. Como é adorável se desvelar diante desse marido em quem você confia integralmente, dizendo: "Conheço você e sei que jamais trairá minha confiança. Eu confio no seu amor e na sua generosidade."

Neste ato não há nem sombra de vergonha: apenas bondade, beleza e nobreza. É como se você desse a Michael a chave para um lindo jardim, pleno de flores que emanam um perfume sublime. Este jardim, contudo, será fechado ao público: é demasiado íntimo e destinado só a você e a seu esposo.

Estou muito feliz por vocês!
Lily

"Eu gostaria que o sexo nos aproximasse mais."

Querida *Julie*,

Você está correta ao notar que a misteriosa dimensão do sexo nem sempre oferece tudo o que promete. (É por isso que pessoas imaturas, que costumam confundir o sexo com o paraíso, se desiludem com tanta facilidade.)

Por outro lado, seria impossível você amar Michael e não desejar se unir a ele desse modo. Você diz, porém, que o sexo às vezes os afasta mais do que une.

O próprio Deus associou a união sexual entre marido e mulher a uma experiência profunda e extática, que simboliza a união sublime na qual consiste o matrimônio. No entanto, há diversos motivos pelos quais o sexo pode ser, às vezes, frustrante.

Primeiro, você deve se lembrar de que, na esfera sexual (como em tantas outras), a alegria é um dom que não pode ser exigido como um direito e nem mesmo, de modo geral, esperado. Às vezes, ele nos é dado; em outras, não. (O mesmo ocorre com a boa música: há dias em que ouvir a *Paixão segundo são Mateus*, de Bach, faz meus olhos marejarem; mas há outros em que simplesmente nenhuma nota ecoa dentro de mim. Eu sei que em ambos os momentos a música é a mesma e bela, contudo, o cansaço, a ansiedade ou a preocupação às vezes não me permitem apreciá-la como merece.)

Nessas ocasiões, é necessário ter paciência, para que aprendamos a sempre receber com gratidão as experiências profundas e aceitar com humildade nossos aparentes fracassos.

Também é possível que vocês tenham adentrado o jardim misterioso do sexo antes de terem vestido seus "trajes nupciais", isto é, sem aquela disposição amorosa e introspectiva, embora ardente, que é a antífona ideal para essa experiência grandiosa.

Além disso, desde o pecado de Adão e Eva, o prazer intenso do sexo se tornou um atrativo em si, apartado de seu significado real enquanto união amorosa entre casais aberta à procriação. Talvez o sentimento de estranheza que você às vezes experimenta venha de isolar (mesmo que não totalmente) a experiência extática da relação sexual e sua entrega a Michael, assim esvaziando essa experiência de seu mais profundo significado. Quanto menos se preocupar com sua própria resposta, focando em seu esposo, melhor será. (Ironicamente, problemas desse tipo costumam ser mais agudos nos primeiros meses de casamento, quando a intensidade recém-experimentada do prazer sexual pode arrebatar um ou ambos os cônjuges.)

É triste constatar que, mesmo no casamento, o casal possa acabar utilizando um ao outro como simples instrumentos para alcançar a própria satisfação sexual. E, assim apartado de seus verdadeiros significado e propósito, o sexo perde sua natureza abençoada e deixa de ser fonte de uma profunda alegria para se reduzir à mera busca de prazer egoísta.

Há quem argumente que a satisfação pessoal é o propósito essencial do sexo. Felizmente, essa é uma suposição equivocada — muito equivocada! Considerar a sexualidade pelo ponto de vista meramente biológico, julgando se tratar apenas de um instinto que busca ser satisfeito, é perverter totalmente seu sentido. Essa visão é o oposto do que acontece na esfera sublime da união sexual, a qual se dá entre marido e mulher motivados pelo amor, que não buscam a intimidade sexual por simples prazer, mas como um modo de manifestar o amor profundo que nutrem um pelo outro. Nesses momentos, o êxtase sexual transcende o prazer corpóreo e provoca uma alegria genuína, produto da união de duas almas que se deleitam, de verdade, uma na outra.

São ocasiões em que a sexualidade não serve ao prazer, mas ao amor (e este é seu santo propósito). Mesmo a abstinência de relações sexuais pode servir ao amor. Suponha que um de vocês esteja doente. Insistir em ter relações nesse caso privaria a ambos do sentido mais profundo de sua união: a vontade de fazer o bem ao outro. Ter relações sexuais em tais circunstâncias não seria *fazer* amor, mas *corromper* o amor.

Qualquer pessoa que tenha levado uma vida impura e venha depois a se converter, se apaixonar profundamente e se casar com aquele que ama, descobre o sexo pela primeira vez. Ela passa a ter nojo de seu comportamento promíscuo anterior e percebe com horror que lhe foi roubada a mais profunda experiência possível ao ser humano: o amor carinhoso, expresso através da doação corporal, dentro do compromisso indissolúvel do matrimônio.

Como você vê, não compartilho do olhar puritano que considera o sexo mau. Pelo contrário, estou certa de que o aprofundamento do amor verdadeiro entre você e Michael elevará a experiência sexual de vocês às mais sublimes alturas. Pois a essência de seu amor mútuo não está no sexo, mas no cuidado constante com a felicidade e o bem-estar um do outro, tanto temporal quanto eterno — mesmo que isso demande uma temporária (ou, em raras circunstâncias, permanente) abstenção de relações sexuais.

O Evangelho diz: "Buscai primeiro o Reino de Deus e Sua justiça, e todo o resto vos será dado." Do mesmo modo, quanto mais você e Michael preconizarem o amor, mais belas suas relações íntimas serão. Isto se alcança por meio da autodoação e do esquecimento de si.

Sua principal preocupação deve ser a felicidade e o bem-estar de Michael. Em vez de observar a si mesma, entregue-se. Assim, sua alegria será maior e mais profunda.

Mas lembre-se, também, de ser paciente. A sexualidade é uma dimensão turbulenta, em especial para os jovens. O amor aplacará essas águas, porém, como tudo o que é bom, o amor demanda tempo.

Escreva-me em breve, por favor,
Lily

"Ele estala os dedos o tempo todo."

Querida *Julie*,

Entendo perfeitamente sua irritação com a mania que Michael tem de estalar os dedos. É um detalhe que deveria ser ignorado, e, no entanto, as menores coisas às vezes conseguem nos levar à loucura.

(Dê graças a Deus por seus problemas serem pequenos, do tipo que causa irritação, mas não ameaça o amor. Você teve a sorte de se apaixonar por um homem honesto, que também a ama, e de manter com ele uma relação livre dos problemas gravíssimos — por exemplo, infidelidade e violência física — que afligem muitos casamentos.)

Ainda assim, mesmo um casamento feliz tem suas dificuldades. Agora que você tem o privilégio de partilhar da vida íntima de Michael, convivendo com ele dia e noite, estão vindo à tona alguns traços da personalidade dele que antes lhe escapavam — uns cômicos, outros irritantes. Todos nós, quando examinados sob o microscópio da vida diária, revelamos manias que para outras pessoas podem parecer estranhas ou incômodas.

Um conhecido meu tinha o hábito de coçar a cabeça. Certa noite, sua esposa comentou conosco: "Eu nunca imaginei que me casaria com um macaco." Não foi o modo mais amoroso de ela se referir ao hábito inofensivo do marido. Foi desrespeitoso ela ridicularizá-lo (especialmente diante de outras pessoas); foi, na verdade, uma dupla humilhação, pois veio justamente da pessoa cuja missão era protegê-lo e lhe dar carinho.

A reação dessa minha amiga poderia ter sido diferente. O casamento oferece oportunidades constantes, das quais podemos nos valer *em benefício* do amor ou *contra* ele. A mania que Michael tem de estalar os dedos é uma dessas oportunidades. Quando isola este hábito e o supervaloriza, você mentalmente reduz a personalidade do seu marido aos maneirismos dele, passando a vê-lo mais como um objeto do que como uma pessoa.

É como quando tiramos uma fotografia de uma pessoa no exato momento em que ela boceja. Durante aqueles breves segundos, é verdade que sua aparência é aquela captada pela foto; no entanto, o bocejo, que tem a duração de um piscar de olhos, é prolongado pela foto e assim deformado e caricaturado.

Julgar alguém por sua aparência exterior é falta de caridade; julgar aquele que você ama por sua aparência exterior é um tipo de traição. Pois faz parte do "pacto de amor" que assumiu com Michael (e ele com você) não isolar expressões individuais ou maneirismos daquilo que a outra pessoa é por inteiro — a inteireza que vê com tanta nitidez em Michael, porque ele escolheu revelá-la a você e porque você o ama.

Quando esquece a "versão Monte Tabor" de Michael e o considera apenas por seu exterior, com a mesma atitude crítica e pouco generosa de um estranho, destrói-se a doce intimidade que há entre vocês. Você deixa de ser a comparsa amorosa de seu esposo para ser sua inimiga.

É por isso que uma esposa digna deste nome sempre tenta olhar além dos maneirismos e ver seu amado por dentro, tendo como referencial sua personalidade adorada. Com intuição amorosa, ela consegue perceber o que há no íntimo daquele a quem ama.

Eu sei que você tem a firme intenção de lutar contra essa triste tendência a julgar Michael pelas aparências, mantendo-se fiel à visão "Monte Tabor" que você tem dele. Quanto mais se empenhar nisso, mais as pequenas manias de seu esposo perderão seu caráter irritante e é possível até que crie certa afeição por elas.

Com amor,
Lily

"Ela não tinha o direito de fazer aquelas perguntas."

Querida *Julie*,

Embora tenhamos sido feitos para a comunhão, também é fato que a proximidade entre os indivíduos deve ser alcançada lenta e gradualmente, respeitando o tempo de que necessitamos para convidar outra pessoa a adentrar o misterioso espaço espiritual que é unicamente nosso.

As perguntas indiscretas que Jean lhe fez na festa de Halloween foram uma tentativa precipitada de cruzar o espaço que separa dois indivíduos. Como tantas pessoas hoje, ela se comportou como se vocês fossem amigas íntimas há anos, em vez de meras conhecidas há apenas algumas semanas.

É comum, em nossos dias, as pessoas agirem assim. Operadores de telemarketing me chamam por meu primeiro nome, permitindo-se uma intimidade que não tenho com eles!

Não estou sendo chata ou me apegando irracionalmente aos meus modos europeus; tenho a convicção de que a felicidade humana depende, em parte, de reconhecermos esse espaço que naturalmente separa os indivíduos e de sermos discretos ao atravessá-lo.

Pense no amadurecimento de seu amor por Michael. Mesmo que ele exercesse sobre você uma atração intensa desde a primeira noite em que o viu, ainda assim procedeu com cautela ao conhecê-lo melhor e permitir que ele a conhecesse. Primeiro, você lhe perguntou sobre seu trabalho e sua infância em St. Louis; depois, conversaram sobre o interesse dele em caminhadas e o cotidiano como professor da quarta série. Foi aos poucos — quase que por círculos — que você (ao longo de semanas) transcendeu essas áreas "públicas" para tentar saber quem ele realmente é: não *o que ele tem* ou *o que ele faz*, mas *quem ele é*.

Essa progressão foi absolutamente correta — de modo bastante semelhante ao desenvolvimento de uma sinfonia: o tema é introduzido, evolui, se desenvolve e então alcança um crescendo, o qual fora preparado com cuidado pelos temas musicais precedentes. (Pense em como seria perturbador se a música começasse pelo clímax!) Como os temas de uma sinfonia, a amizade profunda precisa de tempo para crescer e amadurecer.

Vemos o mesmo ocorrer na natureza: a semente cai sobre a terra e lentamente germina. Regada pela chuva, seus primeiros brotos tímidos começam a aparecer, amadurecem sob o beijo do sol, até que dão flores e frutos. Desrespeitar esses estágios naturais do crescimento pode matar uma nova amizade com a mesma rapidez com que mata uma jovem planta.

A força de seu casamento com Michael vem, em parte, do fato de vocês terem discretamente respeitado o ritmo de maturação de seu amor. Não pularam estágios ou tentaram colher um fruto imaturo.

Decerto, você já notou que a descrição, por ser uma virtude tão importante, deve ser mantida mesmo após o casamento. É verdade que você e Michael já alcançaram tal proximidade, que seria estranho retornarem à reserva e à formalidade anteriores. Mesmo assim, ainda são dois indivíduos separados e sempre haverá um espaço entre vocês que demanda uma travessia adequada, por menor que seja.

Talvez as perguntas indiscretas de Jean tenham ressaltado para você a realidade desse espaço e agora facilitem a compreensão de alguns pontos que assinalei em minha última carta. Pois a discrição no casamento é importante nas relações sexuais entre o casal, as quais, como uma bela sinfonia, não devem ir diretamente a um crescendo, mas devem ser a culminação de temas preparados com amor. O respeito amoroso pelos estágios de desenvolvimento tornará muito mais belos os seus encontros carinhosos com Michael.

Com amor,
Lily

"A intimidade física pode ser bela e espiritual!"

Querida *Julie*,

Certa vez, dei uma entrevista no rádio a um homem que afirmava que os seres humanos são apenas uma forma superior da vida animal. Ele estava convicto da inexistência de diferenças essenciais entre humanos e animais. Eu discordei e ele me desafiou a nomear uma esfera na qual humanos e animais fossem fundamentalmente diferentes. Sem hesitar, eu disse: "a esfera sexual". Ele me olhou surpreso e provavelmente me achou um pouco esquisita.

Eu estava certa: embora humanos e animais tenham as mesmas necessidades fisiológicas — comer, beber, dormir —, o fato de os humanos terem uma alma modifica radicalmente a situação. Nosso corpo é para nós o veículo pelo qual nos expressamos, o instrumento que canta a música produzida por nossa alma. Essa diferença é particularmente evidente na esfera sexual. Que tremenda diferença há entre a satisfação bruta do instinto sexual, experimentada pelos animais, e a entrega amorosa, terna e espiritualizada que se dá em um casamento digno deste nome!

Enquanto não compreender o caráter sublime da sexualidade humana em sua essência, o casal não saberá desfrutar da doce plenitude que ela proporciona.

Com o crescimento do amor mútuo entre você e Michael, vocês compreenderão, com cada vez mais nitidez, a unidade profunda da pessoa humana — corpo e alma —, e sua experiência do caráter espiritual da sexualidade humana lhes proporcionará a mais pura alegria.

Recebam meus mais afetuosos cumprimentos,
Lily

"Doeu muito ouvi-lo dizer isso."

Querida *Julie*,

Você já havia me mostrado aquela foto horrorosa e fora de foco de seus tempos de escola, de modo que compreendo a resposta de Michael: "Eu não teria me casado com essa garota!" Também compreendo, no entanto, sua dor ao ouvi-lo dizer isso.

Por você e Michael serem tão próximos, tudo o que ele diz ou faz tem sobre você um impacto profundo. Quando ele fez esse comentário sem pensar, você ouviu uma vozinha amarga dentro da sua cabeça: "Se ele é capaz de dizer isso, será que realmente me ama?" De repente, todas as demonstrações de amor que ele lhe dera foram esquecidas. Você se aferrou a essas poucas palavras que, naquele momento, bastavam para pôr em dúvida a certeza daquele amor.

De certo modo, fico feliz por isso ter acontecido no início do seu casamento. Agora, você tem a oportunidade de descobrir quão perigoso pode ser considerar palavras fora de seu contexto — separadas da bela história de amor que há entre você e seu marido — e julgar Michael apenas por essas poucas palavras, insistindo: "Não me importam suas explicações agora. Você *disse* que não teria se casado comigo!"

O comentário de Michael pode ter tido um significado totalmente diferente. Suas palavras também poderiam ser interpretadas como: "Esta foto é muito ruim, não tem nada a ver com você. Eu me casei com *você*, não com a caricatura representada nesta foto."

(Você não gosta quando alguém vê uma foto em que você não saiu bem e diz: "Nem dá para saber que é você"? Seria humilhante se alguém visse uma foto feia sua e dissesse:

"Você ainda está assim; por favor, me empreste o negativo desta foto para que eu faça uma cópia.")

Por Michael também lhe fazer um elogio, você não deveria insistir na interpretação negativa do comentário, segundo a qual ele "não teria se casado com você".

Todos nós dizemos coisas por dizer ou cuja intenção é elogiar, mas que acabam saindo distorcidas. Podemos enfiar os pés pelas mãos mesmo com a melhor das intenções. Quando Michael fizer algo assim, é fundamental interpretar suas palavras dentro do contexto total do relacionamento de vocês e não o julgar pelo sentido literal do que ele tiver dito, condenando-o após dar às palavras dele o pior significado possível. Quando são Paulo diz que "o amor acredita em tudo", implica que, ao nos depararmos com tais comentários ambíguos, devemos acreditar que sua intenção era positiva; isto é, utilizando a terminologia do meu marido, devemos dar ao nosso cônjuge "o crédito do amor". O amor sempre pensa o melhor do ser amado, sempre lhe dá o benefício da dúvida.

Então, tente interpretar a fala de Michael sob uma luz mais positiva, utilizando-a inclusive para aproximar vocês dois. Em um bom momento, quando a tranquilidade entre vocês já estiver restabelecida, você pode dizer: "Sabe, fiquei magoada aquele dia, porque interpretei seu comentário como um sinal de pouco amor, mas agora vejo que interpretei mal. Sei que você me ama e fico feliz por você amar do jeito que sou hoje." Essa explicação sem dúvida o comoverá.

Como é agradável desfazer mal-entendidos quando se está apaixonado, transformando derrotas em vitórias. Você logo perceberá que essas são vitórias reais e duradouras.

A vocês, meu mais sincero carinho,
Lily

"Ficamos muito felizes por ver você."

Querida *Julie*,

Fiquei imensamente grata por nosso jantar no Dia de Ação de Graças, durante minha viagem a St. Louis! Pela forma gentil e apaixonada como você e Michael olhavam um para o outro, percebi a grande reverência mútua que há entre vocês e pude ver como seu amor floresceu, a despeito dos pequenos obstáculos que encontraram em seu caminho conjugal.

Como comentei no café da manhã, mesmo os bons casamentos são às vezes complicados e demandam muita paciência e tolerância. O casamento expõe o casal a um relacionamento extremamente íntimo, 24 horas por dia, fazendo com que pequenas farpas surjam mesmo nos casos mais tranquilos.

Contudo, acho que uma atitude muito comum hoje é responsável por agravar as dificuldades do casamento e de todas as nossas demais relações: a *falta de reverência*. Não quero dizer apenas falta de reverência por Deus. Também tenho em mente a falta de reverência por outras pessoas e mesmo por coisas: deixar de reconhecer a nobreza interior e o valor das pessoas e das coisas, tratando-as sem o respeito profundo e afetuoso que merecem.

Em seus escritos, meu marido chamava a reverência de "a mãe de todas as virtudes" e ressaltava ser ela a chave para uma vida feliz e, sem dúvida, para um casamento feliz.
É preciso ser um marido reverente para adotar a atitude correta diante da esposa, dos filhos, de outras pessoas e de Deus.

A pessoa irreverente, por outro lado, tem para com os outros uma atitude autocentrada. Considera o mundo como um meio para sua satisfação pessoal: "Como essas coisas podem satisfazer meus desejos?" E, por ser assim, ela se priva de tudo o que há de maior e mais belo na vida humana, inclusive a amizade e o amor, os quais a arrogância, que é o coração da falta de reverência, acaba por destruir.

Um dos sintomas mais perigosos de nossa época é a falta de reverência — pelas pessoas, pela sexualidade, pelo mistério da vida, pela morte e, por último e não menos importante, por Deus. A irreverência está tão arraigada na vida moderna, que devemos estar sempre atentos para não nos infectarmos inconscientemente por ela.

Todos pecamos contra a dignidade das outras pessoas, muitas vezes de modos vergonhosos. Lembro-me de uma esposa que tinha todo o zelo possível por sua porcelana, mas sempre era grosseira com o marido. Alguns homens se dirigem aos seus chefes com grande respeito, mas não têm qualquer reverência para com suas esposas. "A intimidade gera desprezo", diz o provérbio. Infelizmente, há aí alguma verdade. Cabe a nós desmenti-lo.

Em especial, após um dia difícil no trabalho, quando os dois voltam para casa cansados e exasperados, é fácil ser irascível um com o outro.

Embora seja mais difícil manter o controle nessas circunstâncias, vocês devem se manter conscientes de que ambos são feitos à imagem e semelhança de Deus, seres dotados de dignidade, que merecem ser respeitados e amados. Continuem a mostrar reverência no tom de sua voz, em suas atitudes, em seus gestos, no modo como voces tocam um ao outro.

A beleza de seu casamento com Michael depende em grande medida de vocês terem uma reverência inabalável um pelo outro. Quanto mais próxima você se tornar de seu marido, mais deve tremer de reverência por ele. Eu estou convencida de que muitos casamentos fracassam devido à falta de reverência entre o casal. Nenhum casamento pode sobreviver à tempestuosa existência humana sem isso.

A visita que fiz a vocês na semana passada me convenceu de que você já compreende muitas dessas coisas. Caso fracasse em alguma dessas áreas, o principal é você reconhecer suas faltas, pedir perdão e começar de novo com coragem renovada. Receber notícias suas e saber que você está feliz seria uma grande alegria.

Com amor,
Lily

"Michael e eu tivemos uma conversa emocionante!"

Querida *Julie*,

Fiquei imensamente feliz ao saber da conversa de alma para alma que vocês tiveram após minha partida, e pelo fato de, desde então, seu casamento ter ganhado nova vida.

Michael revelou para você algumas de suas feridas de infância, e você não precisa se desculpar por não entrar em detalhes comigo sobre o assunto. (Seu comentário foi suficiente: "Ver as feridas de uma pessoa é um chamado para amá-la mais.") Esses detalhes *devem* ser um segredo entre vocês. Confidências muito íntimas são dessacralizadas quando compartilhadas com terceiros. Seja como for, meu papel é modesto se comparado à sua união com Michael. Creio que, quanto mais próximos se tornarem, menos você precisará de ajuda exterior, pois juntos vocês conseguirão resolver as dificuldades que surgirem em seu casamento.

Acredito que os segredos que outra pessoa nos confia são o resultado do pacto amoroso que fizemos no fundo de nossas almas — ainda mais quando essa autorrevelação se dá entre dois indivíduos que se amam profundamente.

É verdade: ninguém pode mensurar as feridas que o outro pode infligir na intimidade do casamento. Mas também é verdade que não se pode mensurar a indescritível alegria e a paz que advêm de um casamento baseado na completa confiança e na intimidade total.

E por esse motivo eu devo lhe lembrar mais uma vez que o casamento, como todas as grandes coisas da vida, é um risco, um ato de ousadia. (Você há de recordar a frase de Platão: "O que vale a pena nunca é fácil.")

Pense no outro lado da moeda: um casamento sem confiança, no qual o casal divide uma cama e contas bancárias, mas não o seu íntimo. Seus corpos estão unidos, mas suas almas, não. Mesmo no mais íntimo de todos os atos, marido e mulher permanecem isolados em si mesmos. Que solidão terrível!

Portanto, cuide muito bem da confiança que Michael depositou em você. Que sua reverência por ele não lhe permita jamais revelar a terceiros os segredos dele e que você jamais os utilize contra ele, nem mesmo em momentos de raiva.

Mais uma vez, digo o quanto estou feliz por saber que uma comunhão profunda está nascendo entre vocês. Quanto mais se permitirem aperfeiçoar pelo amor, mais perfeito será seu casamento.

Com alegria, sua
Lily

"Antes de eu me sentar à mesa, ele já terminou de comer."

Querida *Julie*,

Durante minha visita eu percebi, de fato, que Michael faz suas refeições bem rápido, e entendo sua decepção quando você tem de terminar de comer sozinha. Vou lhe dar algumas sugestões, que você repassará a ele se as julgar úteis (e *talvez* o sejam, pois em meu casamento eu tinha o mesmo problema).

Não conseguia competir com meu marido quando ele se armava com garfo e faca. Como ele era muito saudável e tinha uma noção muito clara de que a comida é algo bom (que ele sempre viu como um dom de Deus), sempre esteve à minha frente nesse quesito. Parece que C.S. Lewis também era assim: ele costumava irritar suas anfitriãs, pois a comida em seu prato desaparecia antes de elas sequer começarem a comer.

Em geral, as pessoas com apetites vorazes não conseguem evitá-lo, assim como outras, como nós, comem como pássaros. A diferença, em si, é bastante inofensiva. Mas no casamento *tudo* é importante, pois os casais são um só. Coisas que em diferentes circunstâncias seriam moralmente irrelevantes tornam-se relevantes.

O que você pode fazer quanto ao fato de Michael engolir a comida em uma só garfada? Lembre-se de que ele tem um corpo robusto, enquanto você é como uma gazela. Você não pode esperar que ele se torne delicado durante as refeições só porque se casou com uma mulher de pouco apetite.

Eu tentaria explicar a ele que desfrutar do jantar juntos, sem pressa, tornaria mais prazeroso esse momento a dois.

No entanto, caso ele não consiga comer mais devagar, eu não o reprovaria. Pelo contrário, eu agradeceria por ele ser saudável e não lhe pediria para reduzir seu apetite.

No casamento, a sincronicidade é sempre mais bela do que o isolamento. De fato, um dos maiores motivos de brigas entre casais é a falta de sincronia — causada não por má vontade, mas pelas muitas diferenças naturais que existem entre homens e mulheres, além de diferenças de temperamento.

A felicidade no casamento depende em parte de vocês reconhecerem essas diferenças e fazerem concessões um ao outro. É sempre possível que uma pessoa ágil diminua seu ritmo, mas nem sempre é possível para uma pessoa lenta ir mais rápido. Como meu marido tinha uma constituição física muito mais vigorosa do que a minha, ele tentava se adaptar a mim (embora nem sempre conseguisse).

Esse tipo de generosidade é um dos principais elementos do cavalheirismo — aquela manifestação do amor que hoje está quase extinta. O cavalheirismo se baseia no princípio de que uma pessoa mais forte, mais rápida e mais saudável deve gentilmente ceder suas energias para ajudar uma mais fraca. Pense em como as mães têm de andar mais devagar na companhia de filhos pequenos — e como o fazem com amor!

Do mesmo modo, com a prática, você e Michael aprenderão a sincronizar suas diferentes habilidades, necessidades e temperamentos, para criar uma verdadeira união baseada em um amor complementar e duradouro. Não apenas seus jantares serão mais agradáveis, como sua vida em comum será muito mais feliz.

Com carinho,
Lily

"Ele chegou em casa mal-humorado."

Querida *Julie*,

Sim, sei muito bem como é preparar com todo o carinho um jantar para o seu marido e receber em troca apenas uma cara amarrada e meias palavras. As perguntas dolorosas não tardam a aparecer: é esse aquele mesmo homem que costumava ser tão amável e atencioso? Será assim nossa vida de casados?

Torço para que você tenha segurado sua língua e resistido a repreender Michael logo de cara, embora seja provável que ele tenha percebido o seu desapontamento.

Sempre que você se encontrar em situações complicadas que não escolheu nem causou, para minimizar as dificuldades, pergunte-se: "Que objetivo o amor me oferece nesse momento?" Com *objetivo* quero dizer a questão à qual você deve dedicar sua atenção naquela ocasião específica. O objetivo quando estou na igreja é adorar a Deus; o objetivo quando assisto a uma aula é aprender; o objetivo quando estou na companhia de uma pessoa que amo é me concentrar nela, ouvi-la, ser-lhe receptiva.

Infelizmente, identificar o tema de uma situação não somente costuma ser difícil, como os temas também podem mudar em função das circunstâncias. Além disso, nós tendemos a ser muito inflexíveis e teimosos, nos recusando a abandonar o tema que tínhamos em mente, mesmo quando as circunstâncias já o tornaram inadequado. Os verdadeiros casais, contudo, aprendem a perceber o tema de uma dada situação e a agir de acordo com ele.

Qual tema se oferece quando Michael chega em casa mal-humorado? Obviamente, você não deve sentir pena de si mesma, nem partir para cima dele com raiva. O tema, portanto, é tentar remediar a situação.

É evidente que ele, exausto por um dia difícil no trabalho, não conseguiu se recompor até chegar em casa, ainda mais no horário em que o trânsito é mais ingrato. Para dizer o mínimo, ele não estava em sua melhor forma. (Você talvez conheça o ditado: "As pessoas medíocres estão sempre em sua melhor forma." E nós duas sabemos que Michael não é medíocre.)

Talvez ele tenha chegado em casa desejando ser confortado por você, porém, por causa da irritação, não conseguiu admitir a carência. Por algum motivo, certas pessoas têm grande dificuldade para admitir que estão fracas ou que precisam de carinho. Em vez disso, tendem a resmungar, esperando que a intuição da pessoa a quem amam compreenda sua necessidade de afeto, mesmo que, aparentemente, esta seja a última coisa que desejam. Sabendo que algumas pessoas, às vezes, têm esse comportamento paradoxal, você compreende por que responder ao mau humor de Michael com palavras cortantes apenas causaria mais problemas.

Eu tentaria, antes de tudo, distraí-lo com palavras amáveis ou alguma notícia interessante. Assim, você não oxigena um incêndio iminente, e ele acaba se extinguindo por si próprio. Colocar a ênfase do momento no turbilhão interno de Michael ("Você gostaria de ser recebido por um grunhido?") seria como jogar gasolina sobre uma fogueira.

Mais tarde, quando ele estiver mais calmo, pergunte sobre seu dia e discuta com ele as questões que ainda o estiverem incomodando. Perceba como é perigoso, nesses momentos, pensar em você mesma: "Tive um dia tão difícil quanto o dele e ainda assim o recebi com carinho. Não desconto os *meus* problemas nele." Por mais que isso seja verdade, *não é o tema do momento*.

Como disse anteriormente, os sábios tentam reconhecer o tema e se ajustar a ele: "Encontro-me nessa situação; o que devo fazer agora?"

Quantas discussões infelizes acontecem entre marido e mulher por eles não reconhecerem o tema do momento! O bom senso nos diz, por exemplo, que não é adequado discutir problemas espinhosos quando estamos com fome, ou muito cansados, ou irritadiços.

Eu sei que você e Michael estão se esforçando para se tornar mais sábios. Aprender a discernir o tema de cada situação — se ou quando confrontar ou confortar o outro — trará a vocês aquela sabedoria alegre, que é um dos frutos do amor.

Com carinho,
Lily

"Nós damos muitas risadas juntos."

Querida *Julie*,

Saber que você e Michael têm dado boas risadas juntos me deixa muito contente. Como é gostoso ter discussões inteligentes com a pessoa amada. Paradoxalmente, a própria gravidade do compromisso entre vocês torna possíveis a verdadeira alegria e a jovialidade: por se amarem profundamente, vocês podem baixar a guarda, agir de forma espontânea, rir e se divertir sob a proteção de seu mútuo compromisso amoroso.

No entanto, há aqui um perigo, que para você talvez ainda esteja oculto. Eu o menciono porque, embora me alegre com o fato de vocês terem um bom senso de humor e rirem juntos, seu riso deve sempre estar em contato com seu interior espiritual. O nível superficial de suas almas é ideal para piadas e conversas leves; mas somente nas profundezas da alma podem ocorrer encontros sérios e válidos entre você e Michael.

Em outras palavras, as raízes do seu casamento devem ir mais fundo do que o divertimento e os risos. Ao se casar com Michael, você contraiu com ele uma profunda relação espiritual; abandonou o desejo de simplesmente impressioná-lo ou seduzi-lo, e ambos embarcaram em um encontro nas profundezas de suas almas. Espiritualmente, vocês escolheram estar nus um diante do outro: duas pessoas dedicadas a se amar e se servir até que a morte os separe.

Como resultado, Julie, vocês devem ser receptivos, interessados em ouvir o que o outro tem a dizer e amar a beleza e a verdade. No mais profundo de seu ser, você está se tornando quem é de verdade, ao se revelar sua intimidade ao homem que você ama e permitir que ele renove e aprofunde seu amor por você.

Quando vocês se divertem juntos — e espero que o façam com frequência —, essa dimensão profunda de suas almas talvez não seja, no momento, o tema, porém não pode ser esquecida ou desrespeitada. Se esquecerem a profundidade do amor um pelo outro, seu riso inocente pode degenerar em algo muito negativo: o gracejo em tom sarcástico ou de conteúdo cínico, capaz de magoar profundamente.

Esse humor corrosivo não é um divertimento genuíno. Pelo contrário, é um tipo de humor que brota de uma superficialidade perigosa da alma, na qual depositamos as nossas disposições momentâneas e agimos como espectadores que se divertem observando o "zoológico" do mundo — nosso cônjuge aí incluso. Evitamos qualquer esforço, concentração ou responsabilidade, e acabamos dizendo o que não queríamos ou o que não reflete nosso real pensamento. Tais momentos são um solo fértil para graves rupturas. (Estou certa de que você já esteve em festas que começaram tranquilas, depois se tornaram uma gritaria geral e terminaram em brigas feias.) Mesmo o hábito constante de fazer piadas pode nos destacar de nossa dimensão profunda, e quando isso acontece, o caminho de volta é longo e difícil.

Há nisso tudo uma certa lei gravitacional, e devemos tê-la sempre em vista. O segredo é jamais permitir que o humor se aparte de nossa profundidade espiritual. (Sempre me impressionou a facilidade com que as pessoas santas conseguem ir da recreação à prece.)

Não estou dizendo que o casamento deva ser sério e solene o tempo todo (embora definitivamente seja as duas coisas). No verdadeiro amor, há espaço para muita alegria e bom humor. Estou apenas sugerindo que você tenha cautela e cuide para que o humor de vocês não se degenere em cinismo ou desrespeito. O humor autêntico sempre alegra a alma e estimula o amor.

Com amor,
Lily

"Às vezes, as brincadeiras dele magoam."

Querida *Julie*,

Depois que postei minha carta esta manhã, percebi que estava incompleta. Sem dúvida, ao perceber que o divertimento se aproxima do humor corrosivo, você deve recuar e pedir a Michael que faça o mesmo.

Às vezes, porém, não conseguimos fazê-lo, especialmente depois que se ultrapassa um certo limite e nossa paz interior é perturbada. (Eu queria ter sempre esse controle sobre mim mesma, para que meu humor não machucasse aqueles ao meu redor e que suas piadas não me machucassem. Infelizmente, somos criaturas fracas e eu sempre faço coisas que não gostaria e sofro com o comportamento dos outros.)

Quando as pessoas ao meu redor estão com um humor superficial e perigoso, do qual não conseguem se livrar, sempre é útil, para mim, colocar um tipo de escudo mental, que me proteja de tudo o que estão dizendo. Desse modo, posso lhes dar o crédito de que suas palavras estão fora de controle (o que costuma se confirmar quando as pessoas retornam à sua normalidade e, percebendo a inadequação de suas palavras, pedem desculpas).

Às vezes, o amor exige que digamos (ou, na verdade, que pensemos): "Eu conheço você e sei que isso que está dizendo e fazendo nesse momento não é a pessoa que eu amo. Então, por ora, escolho ser cega e surda, até ter a sorte de ver de novo a face que conheço tão bem e amo tão profundamente." É uma prova de amor, nesses momentos, usar uma armadura, para que as flechas da pessoa que você ama (e que não está agindo de acordo com seu verdadeiro ser) sejam repelidas e não a machuquem.

Estou certa de que você compreende tudo isso e espero que consiga colocá-lo em prática. Nosso conhecimento de nada vale se não o praticarmos em nossas vidas, todos os dias.

Com amor,
Lily

"Nós nos divertimos muito no concerto de Natal."

Querida *Julie*,

Encantou-me saber que vocês começaram a ir juntos a concertos e que apreciaram em particular o *Messias*, de Handel!

A música abre um mundo inteiro diante de nós! Várias vezes, em meus momentos mais emotivos, já tive de dizer: "É impossível expressar isso em palavras!" A música canta o que nossas palavras gostariam de dizer, mas não conseguem.

O fato de vocês terem em comum o gosto pela grande música é, sem dúvida, uma das maiores bênçãos do seu casamento. Eu também fui abençoada com esse gosto, e até demais, pois meu marido e eu tínhamos o mesmo amor pela música, pela natureza e pela arte, e respondíamos à beleza com uma afinidade impressionante.

Compartilhar uma experiência com outra pessoa aprofunda a qualidade dessa experiência. Essa é uma falta que muito me dói, agora que sou viúva. Às vezes, é quase insuportável ouvir alguma das peças musicais que amávamos e não poder segurar a mão de meu marido e olhar em seus olhos.

Eu compreendo muito bem sua alegria: uma experiência compartilhada é muito mais rica e mais prazerosa do que o simples fato de estarmos na mesma sala com uma pessoa que participa da mesma atividade que nós, mas não compartilha da mesma experiência.

Quando ocorre de outra pessoa olhar para o mesmo quadro que estou observando em um museu, eu e ela não compartilhamos nada, pois não temos a intenção de ter aquela experiência *juntas*. Estarmos as duas ali ao mesmo tempo não foi uma escolha nossa. É muito diferente de quando você e Michael escolhem observar um objeto juntos. Assim, forma-se um triângulo: o objeto e vocês dois. (Talvez Deus lhe dê a bênção de ter um filho. Se isso acontecer, você terá, com particular profundidade, uma experiência em comum com Michael, quando ambos se curvarem diante do berço para olhar seu filho.)

Infelizmente, poucas pessoas sabem o que é compartilhar, de verdade, experiências com outros, ambos com a plena consciência de buscarem juntos contemplar um certo objeto, deleitando-se com o fato de estarem compartilhando aquele momento um com o outro.

Muitos casais vivem na mesma casa e comem juntos na mesma mesa, mas já perderam a experiência cotidiana de compartilhar suas vidas e suas almas um com o outro. O mais trágico é que alguns nem sequer acreditam que isso seja possível. A solidão dessas pessoas deve ser insuportável!

Portanto, recomendo que você alimente esse belo senso de comunhão que há entre vocês. E qual modo melhor de fazê-lo do que por meio da música? Platão estava certo: em seu encontro com a beleza, a alma humana ganha asas.

Vocês estarão em minhas orações
durante o santo feriado natalino.
Lily

"O trabalho doméstico é tão estúpido!"

Querida *Julie*,

Sim, *entendo* por que minha carta lhe fez bem, diante da montanha de serviços domésticos que teve de enfrentar após as festas de fim de ano. Também compreendo por que, nessas circunstâncias, o livro de Betty Friedan, *A mística feminina*, pode ter parecido mais atraente do que de costume, sobretudo a afirmação da autora de que as mulheres morrem de tédio cuidando de casas e filhos, quando deveriam estar lá fora, trabalhando no mundo. (Eu imagino que Michael também se entedie consertando coisas pela casa e ajudando você com o serviço doméstico.)

Para vocês dois, uma coisa é certa: se o amor não for o estímulo por trás das atividades domésticas, estas *de fato* se tornarão mortalmente chatas. No entanto, é assim com todas as coisas. Trabalhar como datilógrafa é a função mais enfadonha; você a tolera no escritório porque precisa do dinheiro. Mas, como todas as coisas tediosas, é um trabalho que pode ser transformado se feito por amor.

Se você soubesse como eu era privilegiada por datilografar os manuscritos dos livros de meu marido! Ele, como recompensa, cozinhava, em parte por ser um ótimo *chef* de comida italiana, ao passo que eu era (e ainda sou) uma cozinheira medíocre. Mas, enquanto ele cozinhava, eu ajudava na cozinha. A dinâmica funcionava perfeitamente, e nosso trabalho em equipe transformava até as tarefas mais tediosas em momentos alegres.

Para que seu casamento seja feliz de verdade (e um casamento que dá certo é sempre feliz), tudo — absolutamente tudo que você e Michael fizerem — deve ser motivado pelo amor e remetido ao grande propósito humano de suas vidas — seu casamento um com o outro —, mesmo quando vocês não sentirem esse amor com tanta força.

É muito mais fácil nos esquecermos de que *nada é pequeno para aquele que ama*. Nossa própria mediocridade pode apequenar as coisas; mas, se formos motivados pelo amor, mesmo nossos pequenos atos adquirem um significado enorme.

Então, quando enfrentar suas tarefas diárias, não se queixe de que são insignificantes, nem reclame do tempo que consomem. Considere-as como pequenas provas de amor. Pequenas tarefas na cozinha, feitas por amor, valem mais do que uma importante posição em Wall Street, alcançada por cobiça.

Afinal, o que é nossa existência neste mundo? Uma série de pequenos atos e atividades. São poucas as pessoas cujas vidas são dedicadas a grandes feitos (o que quer que "grandes" signifique). A maioria de nós precisa labutar com o suor de cada dia, plantando, semeando, debulhando, limpando e consertando... até morrermos.

Isso é inevitável, mas não é motivo para desânimo, pois a arte de viver consiste em encontrar sentido nessas pequenas tarefas e cumpri-las com amor. Esse é o segredo do casamento (e da santidade).

Você sabe o quanto eu gosto de tapetes orientais: seus desenhos, suas cores e seus modelos me fascinam. Sempre me impressionou o fato de essas obras de arte tão criativas serem na verdade feitas de pequenos pedaços de lã, adoravelmente combinados.

Se alguém me presenteasse com vários pedacinhos de lã, acho que eu os jogaria no lixo. O que poderia fazer com tal presente? Mas um tecelão não pensaria assim. Ele sabe que é possível construir maravilhas utilizando apenas pequenos objetos, com criatividade e amor.

Como um tecelão de tapetes orientais, a boa esposa deve ser uma *artista do amor*. Ela deve se lembrar de sua missão e jamais desperdiçar as pequenas tarefas que preenchem seu dia — os preciosos pedacinhos de lã de que ela dispõe para tecer a majestosa tapeçaria da vida conjugal.

Tenho certeza de que a sua será bela.

Com carinho,
Lily

"Eu gosto de servi-lo!"

Querida *Julie*,

Um dos grandes equívocos dos nossos tempos é a ideia de que servir alguém é degradante. Que erro catastrófico! Prestar serviço a outros não anula a absoluta igualdade metafísica que há entre os seres humanos: homens e mulheres apenas tocam instrumentos diferentes na grande sinfonia da vida.

Todas as pessoas, sejam homens ou mulheres, têm a mesma natureza humana e a mesma dignidade. Todas são feitas à imagem e semelhança de Deus; todas têm uma mente, livre-arbítrio e um coração capaz de amar. Todas têm uma alma imortal e estão destinadas a estar para sempre com Deus na eternidade.

Infelizmente, a dignidade equivalente das pessoas costuma ser interpretada de modo equivocado como igualdade, isto é, pensa-se que "todas as pessoas são iguais em tudo". Mas é óbvio que dignidades equivalentes não se reduzem à igualdade de talentos ou de capacidades físicas. Imagine mulheres competindo com homens em um ringue de boxe! Os homens correm mais rápido, nadam mais rápido e são fisicamente mais fortes. (Foi por isso que Chesterton afirmou que "a igualdade é o modo mais certeiro de se chegar à desigualdade".)

Dizer que os seres humanos têm a mesma dignidade também não significa que uma pessoa se desonre ao servir outra. Pelo contrário, como disse Platão: "Um homem deve se orgulhar mais de prestar bons serviços do que de dar boas ordens." O cristianismo vai ainda mais longe ao afirmar que a essência da grandeza está no serviço ao próximo: "Aquele que quiser ser grande deve estar a serviço de todos." É uma das verdades cristãs o fato de que Cristo Rei veio para servir, e não para ser servido. Meditar sobre essa verdade ajudará você a lutar contra a tentação de considerar o serviço doméstico degradante e ver Michael como um capataz que se beneficia da sua subserviência. (Lembre-se, também, de que Michael serve *você* ao trabalhar fora de casa e ajudar com as tarefas do lar.)

Esses pensamentos talvez ajudem vocês a ver o trabalho, tanto dentro quanto fora de casa, como uma ocupação nobre, e não como uma espiral interminável de tarefas pequenas e sem sentido.

Ser forçado a servir seria degradante (embora aquele que força outros a servi-lo se degrade muito mais do que aos seus serviçais). Porém, escolher livremente servir aos outros é um sinal de amor e o triunfo da liberdade sobre o egoísmo tacanho.

Pense na mãe que cuida de seu filho com tanto amor, dia e noite. Ela é uma escrava, degradada por seu serviço? Ou não será ela, ao abrir mão de seu próprio conforto, um modelo de amor sublime, cuja alegria deriva do próprio fato de seu trabalho ser tão difícil? Como a mãe altruísta que cuida de seu filho, a pessoa que ama se alegra em servir ao seu amado.

Espero receber notícias suas em breve e saber como cada um de vocês, obedecendo ao seu chamado particular, vem trilhando o doce caminho do serviço amoroso,

Lily

"Quem deve varrer o chão?"

Querida *Julie*,

Admito que sua observação está correta: de modo geral, presumo que as esposas farão o serviço doméstico, enquanto os maridos trabalharão fora de casa. Não se trata, no entanto, de um preconceito meu; é apenas uma tentativa de lidar com as coisas do modo como as percebo no mundo: é assim a divisão de tarefas dentro da maioria dos casamentos.

Como disse antes, nessa questão como em tantas outras, penso que você deve tentar discernir qual o tema oferecido. Você e Michael precisam determinar qual a melhor divisão de tarefas para o seu casamento, levando em consideração seus talentos, temperamentos e circunstâncias particulares. Há maridos que cozinham; há maridos que acordam de madrugada para cuidar de bebês; e há esposas que se responsabilizam pelo pagamento das contas e questões bancárias. Só quem pode descobrir o que funcionará melhor para vocês são vocês dois.

E, ainda assim, podem ocorrer circunstâncias imprevistas, que os obriguem a mudar de papéis. Se Michael adoecer, você terá de trabalhar para sustentar a família.

Mais importante do que os papéis que escolherem é a disposição mútua para se adaptar a diferentes circunstâncias (de acordo com o tema que se oferecer no momento).

Para se ajudarem, os casais devem estar à altura de cada nova situação. Apenas casamentos muito imperfeitos (e, portanto, muito infelizes) se desestabilizam quando há a necessidade de marido e mulher inverterem papéis.

Por favor, escreva-me em breve,
Lily

"Eu quero uma lavadora de louças; ele, um aparelho de som."

Querida *Julie*,

Para dizer a verdade, eu vinha esperando essa questão há algum tempo e estava surpresa por esse problema não ter surgido até agora. Você conhece a história do rei ganancioso que morreu de fome porque tinha toneladas de ouro, mas nada para comer? Há uma certa aura em torno do dinheiro, que vai muito além do seu papel enquanto meio para a aquisição de outras coisas. Será porque dinheiro significa segurança (ou dá essa ilusão)? Será porque o dinheiro possibilita os mais diversos tipos de divertimentos? Será porque é uma fonte de poder?

Qualquer que seja a causa de tão forte atração exercida pelo dinheiro, a discussão que vocês tiveram sobre esse tema é muito comum. Você quer usar o valor da restituição de imposto de renda para facilitar o serviço doméstico, comprando uma lavadora de louças ou uma torradeira nova. Mas Michael prefere gastar o dinheiro com um aparelho de som, restaurantes elegantes e vinhos caros. "Afinal", diz ele, "temos o direito de gozar dos frutos de nosso trabalho".

O fato de vocês quererem coisas diferentes é absolutamente normal. Para mim, é óbvio que os homens buscam mais o prazer do que as mulheres (embora uma mulher que tenha o vício do prazer possa ganhar de qualquer homem, e com facilidade). E acho que, por conta do agudo senso feminino para o concreto, as mulheres tendem a buscar as coisas mais duradouras. Como observou Chesterton, com humor: "Uma duquesa pode levar um duque à falência por um colar de diamantes; mas há, contudo, um colar. Um vendedor ambulante pode arruinar sua esposa por um galão de cerveja; e onde está a cerveja?"

Independentemente das categorias em que você e Michael se encontram, a questão para ambos é: "Quem vai vencer?" Nesse caso em particular, você pode apelar ao cavalheirismo dele e lhe explicar que, devido aos seus horários apertados, uma lavadora de louças (por menos poética que seja) deve ter prioridade, mesmo que não mereça ser comparada a um aparelho de som, que lhes poderia proporcionar um grande prazer artístico. Essa abordagem tem duas vantagens: reconhece a legitimidade do desejo de Michael (o que ele gostará de ouvir) e, no melhor dos cenários, convencê-lo a comprar a lavadora de louças (o que seria muito útil para você).

Nessa situação específica, é possível dar motivos razoáveis para que a querela se resolva em favor da lavadora. Mas podem surgir outros casos em que os motivos de ambos os lados sejam fortes. Discordâncias desse tipo são de difícil resolução, pois os dois acreditam merecer um resultado que lhes seja favorável.

Para que essas disputas não saiam do controle, vocês devem tentar, desde já, estabelecer regras básicas para resolver discordâncias futuras.

Uma das regras fundamentais, a meu ver, é que as discussões não devem acontecer em momentos inadequados — quando um dos dois estiver cansado, tenso ou com pressa. É importante escolher um momento favorável, quando ambos estiverem com disposição amorosa e humor tranquilo. Então, discutam pacificamente os prós e contras das opiniões conflitantes, tentando de fato entender um ao outro. Não se portem como dois inimigos cujo objetivo é vencer.

Você vai se surpreender com a rapidez com que as discordâncias se resolverão, se esperarem para discuti-las desse modo, em circunstâncias favoráveis. Em muitos casos, conseguirão encontrar um meio-termo, ou um de vocês poderá ceder, mediante a promessa de que, da próxima vez, quem cederá será o outro.

Sobretudo quando ambos os lados tiverem argumentos fortes em favor de sua opinião e esses argumentos não indicarem qualquer solução fácil para o problema, tenham em mente que a pessoa que cede por amor é superior. Isso soa paradoxal, pois o vencedor é normalmente considerado mais forte.

Há, contudo, dois modos de perder. Um é motivado por fraqueza: a outra pessoa tem uma vontade mais forte e obriga você a ceder. O outro modo de "perder" é, na verdade, uma tremenda vitória. Pense na mãe que dá ao filho a melhor porção da comida, pois o ama! Imagine o cônjuge que cede, não por fraqueza, mas por amor. Ele será de longe o mais forte, pois terá alcançado a vitória mais difícil de todas: a conquista de seu autocontrole.

Quem ama de verdade deseja fazer o bem ao ser amado. Já aquele que quer "puxar todo o cobertor para o seu lado" e pouco se importa com a outra pessoa, este é um cônjuge deplorável.

Muitas vezes, isso significará que negue a si mesma em prol de um bem maior. Como certa vez escreveu o cardeal Newman: "Não há, quiçá, duas pessoas, mesmo que íntimas, mesmo compartilhando dos mesmos gostos e mesmas opiniões, mesmo dispostas a ter uma só alma e um só coração, que não precisem se negar [...] e negar muito do que gostam ou não gostam, para serem felizes juntas." O dinheiro e a maioria das outras coisas que podem motivar brigas entre vocês são insignificantes se comparados ao amor. Não é uma forma de loucura colocar em perigo o precioso dom do casamento por tais discordâncias secundárias?

Tenho certeza de que nesse momento você e seu querido Michael já chegaram a uma solução amorosa e descobriram que ceder pode ser um sinal de grande força e, o que é mais importante, é na maioria das vezes um ato de amor. Contem com minhas orações, agora que a santa festa da Páscoa se aproxima.

Com carinho,
Lily

"Eu pensei que ele fosse gostar dos planos que fiz para nós."

Querida *Julie*,

Eu não culpo Michael por ter se irritado com sua resposta ao convite dos Ferguson para jantar na segunda-feira de Páscoa: você disse "sim" sem ao menos olhar para ele e ler em seu rosto que ele estava procurando uma desculpa para declinar do convite, pois não gosta da companhia desse casal.

Parece que você caiu em uma armadilha comum: a ideia equivocada de que, no casamento, os dois são um só. É verdade que o casamento é uma união amorosa pela qual os casais são chamados para se tornar "uma mente, uma alma e um coração".

Há, porém, uma unidade correta e uma unidade equivocada. Para ressaltar a diferença, permita-me citar o livro de meu marido, *Metafísica da comunidade*, onde ele faz a distinção entre *fusão* e *união*.

A fusão se dá quando duas substâncias, derretidas, se unem. Uma vez fundidas, a individualidade de cada substância desaparece. Pegue dois pedaços de ferro, aqueça-os até o ponto de fusão e derrame a matéria derretida em um recipiente: eles deixam de ser dois para ser um único pedaço maior da substância ferro.

Isso, porém, é impossível entre seres humanos, os quais por natureza possuem uma individualidade tão perfeita a ponto de não conseguirem se tornar meras partes de outra coisa. Além disso, se duas pessoas *pudessem* se fundir, não poderiam se amar, pois o amor precisa da dualidade.

Esse é motivo por que o amor entre as pessoas não visa à *fusão* (que o destruiria), mas à *união*.

A união necessita de que duas pessoas sejam plenamente o que são, dois seres claramente separados — ainda que vinculados um ao outro pelos "cordões de ouro do amor". Um marido e uma esposa que se amam se tornam um, mas, ao fazê-lo, não deixam de ser plenamente o que são, isto é, dois indivíduos distintos. Na verdade, através da união amorosa um com o outro, eles passam a ter sobre si mesmos e sobre sua individualidade única uma noção nova e mais profunda.

Aí parece estar a chave para o problema que você causou ao aceitar o convite dos Ferguson antes de consultar Michael. Pela força de sua união com seu marido, você se sentiu livre para decidir sem consultá-lo. Presumiu que, por vocês dois serem um, a vontade dele coincidiria com a sua.

Se fizesse disso um hábito, Michael poderia sentir que você já não o leva a sério como pessoa — como um indivíduo único e insubstituível, dotado de mente e vontade próprias, de uma personalidade e de um coração próprios —, o que é o mesmo que concluir que você já não o vê como seu amado companheiro, mas como uma mera extensão de você mesma, reduzindo o companheirismo de vocês à fusão de duas peças, em vez da união de dois indivíduos.

Paradoxalmente, quanto mais próxima for a união de vocês e quanto melhor conhecerem um ao outro, maior será a tentação de achar que seus desejos têm de coincidir. Ao mesmo tempo, será cada vez mais importante para vocês ter um respeito absoluto pela individualidade do outro. Pensar sempre em Michael como um indivíduo a quem você se uniu por amor evitará desentendimentos no futuro.

Mais uma vez, percebemos que o casamento é um chamado constante àquele estado de alerta amoroso, no qual você "escuta" com ternura a alma da outra pessoa.

Espero que o jantar com os Ferguson não tenha sido tão insuportável para Michael.

Com amor,
Lily

"Estamos um pouco distantes ultimamente."

Querida *Julie*,

Os relacionamentos humanos sempre encontram dificuldades, pois, quanto mais nobres e valiosas são as coisas, mais frágeis são. A louça de porcelana fina é quebrável; pratos de plástico, não.

Você e Michael têm desenvolvido, dia após dia, uma união espiritual mais profunda e já começaram a encontrar os problemas que acompanham a intimidade entre duas pessoas. A questão com o convite dos Ferguson foi um desses problemas. A intimidade sexual é outro. Tendo experimentado a intensa alegria e beleza da união sexual enquanto manifestação do amor maduro, agora se decepcionam quando encontram menos do que isso.

Neste quesito, é importante ser paciente com você mesma e também com ele. Somos seres espiritualmente turbulentos; nossos sentimentos estão em constante descompasso com nossas ações. Continue a amar Michael e não supervalorize os contratempos.

Permita-me repetir meu refrão de sempre: tente transformar cada derrota em uma vitória do amor. A paz que isso trará à sua alma aplacará os momentos dificultosos do seu casamento e intensificará os belos.

A respeito das relações sexuais, em particular, penso que os casais cometem um grave equívoco psicológico ao adentrar o misterioso jardim da entrega sexual sem qualquer preparação interior. À parte a conexão com o grandioso evento da concepção de um filho, sua união corporal com Michael, no segredo da intimidade conjugal, é tão importante e tão misteriosa, que merece uma preparação interior. Essa entrega deve ser o clímax de uma disposição preparada com palavras e atos amorosos: uma sinfonia de ternura manifestada de muitos modos diferentes ao longo do dia. (Seu coração lhe ensinará o que fazer.) Então — e apenas então —, a união sexual de vocês alcançará seu pleno valor de cântico amoroso.

Não me entenda mal. O que tenho em mente é menos um elemento *temporal* do que *espiritual*, pois a união de vocês não é meramente corpórea, mas, pelo contrário, é a união de dois corações, *manifestada* através de seus corpos.

A união sexual de vocês é uma festa do amor e, como toda festa, deve ser amorosamente preparada. Isso não significa falta de espontaneidade, mas que vocês devem dar à espontaneidade seu verdadeiro significado. A preparação interior impede que a união sexual se torne um simples hábito, um ato praticado apenas porque é o que vocês têm que fazer. Ao preservar o verdadeiro significado dessa entrega, enquanto sinal de duas pessoas que se amam, você garante a prosperidade de sua felicidade conjugal.

Recebam meu mais profundo amor,
Lily

"Eu não o deixei terminar de falar."

Querida *Julie*,

Sempre me impressionou o fato de os casamentos, ao modo das almas, serem tão diferentes uns dos outros. Sua última carta, no entanto, me faz recordar que os casamentos, ao modo das almas, também têm vários traços em comum.

Este problema não é só seu: em praticamente todos os casamentos que conheço — o meu não era exceção —, marido e mulher se interrompem quando conversam.

O marido começa uma história e a mulher o corta para corrigi-lo: "Aconteceu numa terça-feira, não numa segunda, e, na verdade, não era um poodle, era um pastor alemão." A história é interrompida, o marido se frustra e os ouvintes ficam constrangidos.

Ou então a esposa inicia uma frase e o marido, acreditando já saber o que ela vai dizer em seguida, termina a frase em seu lugar, constrangendo-a.

Interromper o outro é desrespeitoso, para dizer o mínimo, e uma pessoa educada nem sonharia em fazê-lo em circunstâncias formais. Ainda assim, sempre interrompemos aqueles que nos são mais próximos. Esse é um lado negativo da intimidade, e ele tem os seus perigos, dentre os quais o principal é a irreverência.

É como se estivéssemos tão convencidos de que sabemos o melhor modo de formular aquele pensamento que nem sequer damos à outra pessoa a chance de completá-lo. Ou, o que é pior, é como se disséssemos: "Eu já sei o que você vai dizer."

Siegfried Hamburger, o melhor amigo do meu marido, teve seu tímpano avariado durante a Primeira Guerra Mundial e, mais tarde, começou a perder progressivamente a audição. A ideia de ficar surdo o perturbava e ele um dia confidenciou ao meu marido que seria muito doloroso ser excluído das conversas de seus amigos.

Para consolá-lo, meu marido lhe prometeu que, quando chegasse o momento, escreveria para ele sobre todos os temas que poderiam render boas conversas. "Muito obrigado", retrucou Hamburger, "mas eu ainda preferiria ouvir sua voz — mesmo que você dissesse apenas 'São duas da tarde'".

Quando se sentir tentada a interromper Michael, pense nas palavras tocantes de Siegfried Hamburger e se lembre de que, um dia, caso lhe ocorra a infelicidade de ser uma viúva, você desejará desesperadamente ouvir a voz dele — a mesma que você tantas vezes silenciou. Talvez esse pensamento lhe seja útil para lutar contra essa arraigada tendência humana a nos interrompermos uns aos outros.

Com amor,
Lily

"Ele ignorou a dor que eu estava sentindo."

Querida *Julie*,

Que pena que você voltou a sofrer de enxaquecas! Elas são tão dolorosas, e o pior é que as pessoas de fora têm dificuldade para perceber o problema, pois os sintomas só são visíveis para quem os sente.

Não me surpreende que, após sua terceira enxaqueca em duas semanas, Michael tenha perdido o interesse no problema e até se irritado um pouco.

Não creio, porém, que a reação dele denote insensibilidade (embora ele de fato não esteja tendo com você nem um terço do carinho com que você cuidou dele mês passado, quando ele teve o problema no joelho).

Se estivesse sofrendo de algo mais sério (não digo mais *doloroso*) do que enxaquecas, estou certa de que Michael a assistiria com todo o amor. A maioria dos homens não tem paciência com pequenas enfermidades (sejam deles mesmos ou de outras pessoas) nem sequer gostam de conversar sobre elas.

Concordo que o fato de você e ele terem temperamentos diferentes leva a comportamentos opostos, com Michael recebendo seu apoio quando *ele* está doente, mas incapaz de retribuir quando quem está mal é *você*. Talvez a regularidade dos desconfortos corporais na existência feminina torne mais fácil para as mulheres lidar com doenças e também faça parecer mais natural para nós dar e receber apoio.

Em geral, homens jovens não têm problemas físicos, o que me faz supor que as dores e fraquezas que acompanham enfermidades tenham por efeito mais do que incapacitá-los: elas também os humilham.

Talvez isso explique a característica rabugice masculina quando eles estão doentes — e, no entanto, eu ainda não entendo por que os homens, que costumam se considerar mais lógicos do que as mulheres, tendem a recusar tratamentos médicos quando não se sentem bem.

Porém, você não deve deixar nenhuma dessas aparentes contradições ser motivo de brigas entre vocês. Parece-me que o mais sábio a se fazer (além de buscar auxílio médico quando necessário) é comunicar a Michael que você está mal e pedir paciência. Então, tente tocar no assunto o mínimo possível.

Tente não repetir incessantemente o tema do seu desconforto. Como Michael não entende sua necessidade de receber cuidados e atenção nesse momento, suas reclamações dificilmente serão atendidas com mais carinho.

Além disso, como todos os homens, ele pode ficar atônito diante do sofrimento. Tenho certeza de que com o tempo ele se tornará mais sensível às suas necessidades e aprenderá a apoiá-la mais.

Receba meus mais amorosos votos
de uma rápida recuperação.
Lily

"Muitas coisas bobas me irritam."

Querida *Julie*,

As dificuldades que você vem enfrentando nas últimas semanas parecem ter criado um problema cuja ocorrência é comum não apenas no casamento, mas na vida em geral.

Lá fora, a primavera está prestes a se transformar em um glorioso verão, porém, no seu coração, ainda é inverno: você permitiu que pequenas mágoas se acumulassem e agora, de repente, tem de lidar com uma bola de neve de ressentimentos.

Diversas vezes, nas últimas semanas, você brigou com Michael por pequenezas; ele respondeu com sarcasmo. É difícil para qualquer pessoa estar "acordada" o tempo todo, e os problemas que você mencionou indicam que, seja por fadiga ou apatia, Michael não tem estado atento aos seus sentimentos. (Você tem estado atenta aos dele?)

Ainda assim, o profundo amor que os une me convence de que vocês estão bem armados, com a graça de Deus, para vencer esses problemas, que são, afinal, comuns aos relacionamentos humanos, e são superáveis, sobretudo se você agir rapidamente sempre que eles aparecerem. Não permita que suas mágoas apodreçam em sua alma e a envenenem contra Michael. Consideradas uma por uma, elas são irrelevantes. Juntas, fazem um estrago, embora sejam apenas bobagens. É possível lidar com um pequeno incômodo, mas não com cinquenta ao mesmo tempo.

Uma forma de não deixar que as mágoas se acumulem é discuti-las com Michael logo após seu surgimento. Assim, podem trabalhar juntos para encontrar um remédio e prevenir futuras ocorrências dos mesmos incidentes irritantes.

E, se a discussão (em um momento tranquilo, é claro) não resolver o problema, então há um modo — além da oração — de você trabalhar interiormente para que seu ressentimento não se acumule.

Em vez de criar um registro mental no qual você atualize constantemente as ofensas de Michael, tente dissolver cada uma delas em seu amor assim que ocorrerem. Todas as noites, antes de dormir, tente conscientemente afastar de você as pequenas dificuldades do dia, para que possa iniciar a manhã seguinte renovada. Como aconselha são Paulo: "Que não se ponha o sol sobre o vosso ressentimento."

Por mais profundo que seja o nosso amor por alguém, as imperfeições humanas e as circunstâncias difíceis inevitavelmente embaçam aquela beleza da alma, que tanto nos cativou no início, e passamos a questionar se a "versão Monte Tabor" que tivemos dessa pessoa não era uma ilusão agora desfeita.

Em tais momentos, eu volto ao baú de tesouros onde guardo as memórias felizes que tenho com a pessoa em questão e tento recordar uma palavra, um gesto, um ato de generosidade ou heroísmo que tenha me revelado de forma especial seu verdadeiro ser, sua verdadeira beleza.

Ao contemplar esse ato com gratidão, as dificuldades presentes perdem importância e meu amor se fortalece de novo.

Tenho muitas coisas guardadas em meu baú de tesouros mental. Uma delas é a atitude de uma querida amiga minha, anos atrás, enquanto viajávamos de avião e atravessávamos uma violenta tempestade. Estávamos ambas apavoradas, e eu, além disso, estava com uma forte náusea.

Quando minha amiga viu quão mal eu estava, esqueceu o próprio medo e começou a gentilmente acariciar minha mão para me confortar. Sua preocupação e seu carinho para comigo eram tão grandes que, durante toda a pavorosa tempestade, seu rosto expressava nada além de bondade amorosa.

Isso me comoveu tanto que até hoje — mesmo quando temos nossos desentendimentos — basta me recordar desse episódio para que meu coração se encha de gratidão pelo dom desta amizade que há tantos anos ilumina minha vida.

Tenho certeza de que você já possui várias memórias belas ao lado de Michael e que, com o passar do tempo, outras surgirão. Determine-se a recordá-las — a guardar essas memórias em seu baú de tesouros. Assim, quando a "versão Monte Tabor" de Michael enfraquecer, recorra ao seu baú, relembre as memórias felizes que guardou ali e medite sobre elas. Os pequenos desentendimentos de vocês perderão importância e você logo conseguirá vê-lo novamente em seu pleno esplendor.

Com amor,
Lily

"Eu acho beisebol chato e Michael não gosta de arte."

Querida *Julie*,

Fico feliz em saber que lhe foi útil a ideia de manter um baú de tesouros espirituais, porém, me alegra ainda mais vê-la disposta a se sacrificar para aperfeiçoar seu amor por Michael — apesar de não serem poucos os sacrifícios exigidos pelo casamento.

Às vezes, as possibilidades para discordâncias parecem infinitas. Apesar de vocês serem muito próximos, o que para um é divertido pode ser tedioso ou mesmo desagradável para o outro. Isso faz parte do drama intrínseco ao casamento: o chamado constante a "morrer para si mesmo" pelo bem do ser amado.

Você e eu amamos a cozinha italiana e, se pudermos escolher, preferimos sempre um *spaghetti all'italiana* a hambúrgueres e batatas fritas. Ainda assim, você tem cozinhado com frequência pratos da culinária americana, pois são os preferidos de Michael. Também sei que faz longas caminhadas ao lado dele quando preferia estar em casa. E tenho certeza de que ele também, para agradá-la, abre mão de muitas das vontades próprias, como sair com os amigos.

Minha experiência me ensinou que, quando adoto uma atitude amorosa, consigo descobrir em coisas que costumava achar tediosas a mesma fascinação que exercem nas outras pessoas. Você e Michael podem tentar aprender um com o outro desse modo, buscando encontrar mais interesses em comum.

No entanto, quando não conseguirem, a única solução é o sacrifício, o que não parece agradável à primeira vista. Ainda assim, é impressionante como até mesmo os sacrifícios mais triviais podem ser fonte de alegrias inesperadas e alimentar o amor entre duas pessoas. "Deus ama quem dá com alegria", diz são Paulo. Então, quando fizer o sacrifício de ir a um jogo de beisebol com Michael (será mesmo um sacrifício tão grande estar com a pessoa que você mais ama?), faça-o com alegria, para que ninguém o perceba. Chamar atenção a um sacrifício feito não é o melhor modo de fazê-lo.

Os sacrifícios que mencionei até agora não causam um mal real a nenhum de vocês. Você não sente dor física assistindo a um jogo de beisebol, assim como não será sofrimento algum para Michael ir a um museu de arte com você. Há, contudo, situações nas quais uma pessoa tem hábitos que de fato prejudicam a outra. Um bom exemplo é o fumo. Suponha que Michael fumasse e você (como eu) fosse alérgica à fumaça do cigarro: o comportamento dele seria prejudicial a você. Em tal situação, o correto seria ele abrir mão desse prazer para evitar o seu sofrimento, pois sua saúde tem uma precedência absoluta sobre qualquer divertimento subjetivo que ele pudesse ter com o cigarro (que também estaria, é claro, machucando-o — mas não vou falar disso agora).

Às vezes, os sacrifícios são feitos quando os casais estão juntos; em outras, quando têm de estar separados. Sei de casamentos muito felizes em que os maridos vão pescar enquanto suas esposas ficam em casa ou visitam amigas. Também sei de casamentos nos quais o marido, por conta de seu amor ardente pela esposa, só consegue se divertir se ela estiver presente e renunciaria de bom grado às suas atividades favoritas para estar com ela. Você e Michael terão de usar o método de tentativa e erro para descobrir de que modo os sacrifícios podem servir ao amor no casamento de vocês.

Vocês já deram o passo mais difícil, que é perceber que o amor demanda sacrifícios. E imagino que tenham descoberto como é gratificante se sacrificar pela pessoa amada!

Tenho vocês sempre em minhas orações,
Lily

"Meus planos para a noite foram arruinados."

Querida *Julie*,

Como passou rápido o seu primeiro ano de casamento! Estive tão ocupada nesta primavera que nem me dei conta de que maio já está quase no fim. Peço desculpas por não ter enviado flores a tempo para o aniversário, mas fico feliz por meu telefonema ter ajudado a alegrar esse que foi, em muitos sentidos, um dia decepcionante para você.

Como disse pelo telefone, compreendo seu desgosto por Michael ter levado para casa um colega do escritório. Esse convidado inesperado arruinou a intimidade do jantar com champanhe e luz de velas que você havia preparado, e nem o fato de Michael ter ligado antes para avisar diminuiu sua decepção.

Também já me decepcionei diversas vezes, quando tive minhas expectativas frustradas por algum empecilho inesperado — mesmo nos casos em que, no fim das contas, a situação que se deu à minha revelia não foi tão desagradável assim, até pelo contrário. A decepção não é causada *pelo que ocorreu*, mas pela comparação com nossas (quase sempre irrealistas) expectativas sobre o que achamos que *deveria ter ocorrido.*

Quando determinamos interiormente as condições de nossa felicidade, nossos sonhos se tornam nossos inimigos. Presumimos ter o direito de vivenciar as situações do modo como as planejamos e, quando isso não acontece, nos sentimos traídos pela vida: "Eu esperei tanto por isso e agora sinto apenas decepção."

Nessas ocasiões, sempre penso no título do livro de C.S. Lewis, *Surpreendido pela alegria*, e me deixo surpreender pela alegria. Você perceberá que os mais belos e profundos momentos de sua vida não serão necessariamente aqueles que planejou, mas aqueles que, de modo inesperado, se ofereçam a você como dons misteriosos.

Não estou defendendo uma atitude derrotista diante da vida, do tipo que diz "Não tenha grandes expectativas para não se desapontar". Longe disso. O que acho é que devemos tentar imitar a atitude de uma criança que aceita com gratidão os dons que recebe em seu caminho, sem fazer demandas o tempo todo. "Se não vos tornardes como as criancinhas, não entrareis no reino dos céus."

A experiência frustrante que você teve com seu jantar de aniversário de casamento mostra como é perigoso dar por certo que um evento ocorrerá segundo nosso planejamento. Há sempre nuvens imprevisíveis capazes de frustrar nossas expectativas. Assim, penso que devemos sempre esperar pelo melhor, mas também devemos aceitar humildemente o que quer que nos aconteça, do modo como Deus o quiser. Esteja o céu encoberto ou sereno, tentemos sempre assimilar com gratidão nossas experiências e cantar o hino de louvor do amor.

Mais uma vez, parabéns por seu primeiro aniversário de casamento!

Lily

"Não entendo por que ele se ofendeu."

Querida *Julie*,

À primeira vista, parece de fato estranho Michael ter se irritado por você ter dito que seu pai conseguiria consertar o rádio que ele, após várias tentativas, não consertara. Provavelmente, há aí algo que você não está percebendo. Tente descobrir *por que* ele se ofendeu — sobretudo diante do fato de que vocês dois amam e admiram seu pai.

Sem dúvida, sua relação com seu pai foi uma grande bênção. Significa muito para uma menina ter diante de si o exemplo admirável do pai. Eu também devo muito ao meu pai. Sua grande reverência ao mistério da concepção, da gestação e da maternidade me acompanhará por toda a minha vida.

No entanto, me diga se estou errada ao supor que, desde que conheceu Michael, você tem o hábito de tecer longos elogios ao seu pai, talvez inconscientemente, oferecendo-o como um modelo. Esta é uma mera suposição de minha parte, porém, talvez Michael sinta que você deseja que ele se pareça com seu pai. Se for o caso, o modo como ele reagiu na situação do rádio é compreensível.

De maneira inconsciente, Michael talvez presuma que você o ama como a uma segunda versão de seu pai, e que "o autor dos seus dias" ainda é, em seu coração e em sua mente, seu primeiro e ideal amor.

Acredito que vale a pena você refletir se, de fato, caiu nesse erro. Chamo-o de erro porque cada um de nós possui dons, vocações e talentos únicos, bem como nossas próprias tentações e defeitos. Nossa tarefa nesta vida não é tomar outras pessoas como modelo absoluto (pois nosso modelo último é um só: Cristo). Devemos descobrir que tipo de pessoas estamos destinados a ser.

Não devemos nos julgar com base na personalidade ou nos feitos de outra pessoa, mas nas possibilidades de que é dotada nossa própria alma. Em outras palavras, jamais devemos imitar os outros, espiritualmente ou no que quer que seja. Cada um de nós é uma imagem única de Deus; o único modo de alcançarmos a santidade é desenvolver de modo integral nosso *próprio* potencial intransferível, que é capaz de nos tornar, ao nosso modo, imitações de Deus.

Conheço um marido que esperava que a esposa fosse uma réplica de sua irmã, uma mulher de charme e talento extraordinários, que combinava beleza, inteligência e um grande talento artístico. Tais expectativas geraram apenas a humilhação da esposa, que era dotada de dons mais modestos. Se percebesse o próprio comportamento, esse marido ficaria horrorizado, pois amava a mulher.

Você decerto já compreendeu o ponto: se Michael intuir em você o desejo de que ele se torne outra pessoa em vez de ser quem ele é (sendo este o mais profundo desejo do amor), é compreensível que se magoe e justificável que repudie suas expectativas.

Assim, tente não compará-lo ao seu pai. Tente, sim, contemplar a bela promessa que ele traz em sua alma e o ajude, dia após dia, a transformar essa luminosa promessa em realidade.

Com todo o meu carinho,
Lily

"Ainda estou brava com ele."

Querida *Julie*,

Em vez de estar contente por Michael ter pedido desculpas pelas palavras duras que disse quando você elogiou seu pai, você ainda está com muita raiva. Que criaturas instáveis nós somos! Nossas vidas emocionais são tão complicadas e somos tão afetados pelos eventos do cotidiano que é surpreendente nosso amor resistir.

Você deve sempre — e mais especificamente agora — tecer com os fios do perdão a malha de seu amor. Seu casamento não durará se você não estiver disposta a perdoar Michael e lhe pedir perdão por suas faltas. (É por isso que, ao fazer os votos matrimoniais, os casais têm de prometer pedir perdão quando magoarem um ao outro e perdoar quando tal lhes for pedido.)

Lembro-me de uma peça de teatro de Gabriel Marcel na qual uma mulher, que tinha todos os motivos para estar com raiva de seu marido infiel, se dá conta de que, embora ele esteja errado e ela certa, "Não é suficiente ter razão". O amor exige mais de nós: nos chama a perdoar.

Michael lhe pediu desculpas. Como seu coração pode resistir a um pedido como esse?

Caso ainda tenha dificuldades para perdoá-lo, medite sobre as inúmeras ocasiões em que você magoou outras pessoas — inclusive algumas bem próximas —, ofendendo também a Deus. Quando seu coração estiver repleto de contrição, não será apenas fácil, será até mesmo um privilégio perdoar. E conseguirá rezar do fundo do seu coração, pedindo: perdoai as nossas ofensas, assim como nós perdoamos a quem nos tem ofendido.

A opção oposta é terrível. Como mencionei, resistir ao perdão envenenará sua alma. Já ouvi diversas vezes as tristes palavras: "Ele me machucou tanto; nunca vou perdoá-lo." A recusa a perdoar se transforma em ódio; o ódio se transforma em veneno; e o veneno traz a morte espiritual. Você não vai apenas odiar; você se tornará odiosa aos outros, tendo corroído sua própria alma.

O amor e a presteza para perdoar caminham de mãos dadas. Quando descobriu que amava Michael, você compreendeu a necessidade de estar incondicionalmente disposta a perdoá-lo — porque o ama e sabe que seu perdão é um bálsamo curativo para a alma dele e também para a sua.

Quanto maior for seu amor por Michael, mais fácil será dizer a ele: "Perdoe-me." Quanto mais amar, mais fácil será dizer essas palavras ainda mais doces: "Eu perdoo você."

Tenho certeza de que o perdão triunfará.

Conte com minhas orações por você e seu querido Michael.

Sempre sua,
Lily

"Se ele tivesse me ouvido..."

Querida *Julie*,

Parece que você cometeu um equívoco clássico, um que eu conheço muito bem. É claro que você estava certa: Michael não devia ter insistido em estacionar o carro em uma vaga tão pequena; acabou amassando o para-choque.

Ele errou e, além de o erro tê-lo deixado abatido, você agravou a situação dizendo as palavras tão explosivamente perigosas: "Eu avisei."

É fácil de presumir que ele ficou furioso. (Da próxima vez, tente se lembrar do sábio conselho de Platão, segundo o qual jamais devemos constranger alguém, em particular — eu acrescentaria —, uma pessoa que lhe é próxima.)

É claro que, se Michael quiser investir em uma empreitada sem futuro ou estiver prestes a cometer algum erro sério, você deve alertá-lo. Mas, caso ele ignore seu aviso, você deve deixá-lo cometer os próprios equívocos. Uma vez dado o passo desastroso, o tema diante de você muda: é óbvio que sua obrigação não é ressaltar quão inteligente você foi ao prever a catástrofe. Pelo contrário, você deve usar sua inteligência para diminuir as consequências do erro e ajudar Michael a não se sentir humilhado. (Ele deve fazer o mesmo por você, quando os papéis se inverterem.)

As pessoas costumam ser muito sensíveis quanto aos erros que cometem e é doloroso quando a pessoa a quem amam é a primeira a acusá-las. Portanto, objetivamente, faz muito pouco sentido dizer "Eu avisei", pois, no momento em que você o diz, a pessoa equivocada sabe que estava errada e você, certa.

Quando for inevitável discutir erros passados, tenha o cuidado de não fazer sermões, nem enfatizar que você sabia o tempo todo qual era a resposta certa e que da próxima vez Michael deve ouvir seus conselhos. Pense em como você se sentiria no lugar dele.

Uma das regras de ouro do casamento (e da vida) é "começar por você mesmo". Colocar-se acima de Michael será sempre desastroso, ainda mais se você adotar um tom professoral. Confie no poder contagiante do bom exemplo, para que sua mensagem seja transmitida de forma amorosa e sem humilhar seu esposo.

Com amor,
Lily

"Mas eu não quero estimular o orgulho dele."

Querida *Julie*,

Acho curioso que tenha dificuldade para concordar com minha última carta. Isso mostra o incrível poder das ideias que circulam "no ar". Algumas feministas difundiram a visão de que as mulheres mimam os homens e protegem seus egos masculinos, os quais, pelo contrário, deveriam ser diminuídos. Essas mulheres provavelmente aconselhariam você a esfregar o nariz de Michael em cada erro que ele cometer.

Esse modo de ver as coisas se baseia na suposição de que homens e mulheres são rivais e de que as mulheres sofrem porque não sabem se defender. Já é hora, dizem as feministas, de as mulheres se tornarem ofensivas, colocarem os homens em seu devido lugar e estourarem o gigantesco balão do orgulho masculino.

No entanto, queremos uma guerra entre os sexos, ou a paz? Queremos o amor ou o ódio? Rivalidade ou complementariedade?

Como eu abordo o problema do amor e do casamento por um ponto de vista cristão, não tenho dificuldade para optar pelas segundas alternativas e rejeitar enfaticamente as primeiras. A tragédia de muitas feministas é que elas perderam totalmente de vista os ideais de paz e reconciliação, fundados na dignidade e complementariedade dos sexos.

Quando as mulheres competem com os homens, em vez de colaborar com eles, muitos problemas vêm à tona.

Você não tardará a perceber que Deus não criou Eva para ser rival de Adão, mas para ser sua companheira, o que é bastante diferente. Em vez de sempre confrontar ou julgar aqueles ao seu redor, uma boa companheira os estimula.

Às vezes isso exige que ela ignore os defeitos do companheiro — o que não é o mesmo que aprová-los ou, como você sugere, estimular seu orgulho. Na verdade, trata-se apenas de exercer a prudência amorosa, dando-lhes o espaço necessário para vencerem suas fraquezas.

E, por isso, você deve se conter diante da vontade de criticar Michael e jamais castigá-lo com uma dura retórica feminista, cujo propósito, quase sempre, é inflamar a competição entre os sexos, despertando o ressentimento, em vez de desenvolver a cooperação e o amor mútuo.

Por favor, diga-me se esses comentários lhe foram úteis para lidar com os defeitos de Michael sem se irritar, de modo que vocês possam trabalhar juntos para resolvê-los.

E tente se lembrar de começar por você mesma. Tenho-os sempre em minhas orações. Por favor, reze por mim também.

Com amor,
Lily

"Quer dizer que é errado criticar Michael?"

Querida *Julie*,

Talvez eu esteja tendo dificuldade para tratar desse assunto pelo fato de ele ser tão complexo e delicado. Deixe-me fazer alguns comentários adicionais para tentar esclarecer o que disse antes.

Com certeza *há* erros diante dos quais você não apenas tem legitimidade, mas até mesmo a obrigação de criticar — porém, somente se o momento for adequado e suas motivações, puras.

Em primeiro lugar, tente identificar a gravidade do problema. Pergunte-se se é realmente uma questão séria ou apenas algo irritante, que, com um pouco de paciência, você consegue suportar.

Caso se trate de uma questão objetivamente séria (e não uma simples trivialidade que possa ser ignorada), então ainda lhe resta purificar seus motivos. Talvez se lembre do que contou santo Agostinho, sobre quando estava em Roma antes de sua conversão e seus alunos lhe roubaram dinheiro; ele os odiou por isso, "porém, não com o ódio correto". Ele estava mais irritado com o fato de *ele* ter sido injustiçado do que com a ofensa a Deus implícita na injustiça.

Tente evitar o erro de Agostinho: certifique-se de que suas críticas não são motivadas pelo fato de *você* ter sido magoada, mas por uma preocupação objetiva com o que é correto. Em outras palavras, preocupe-se com o fato de que os erros de Michael o machucam pessoalmente (e talvez a outras pessoas), além de ofenderem a Deus.

Por fim, tente escolher o momento correto: se Michael estiver cansado, nervoso ou irritado, de modo que receber críticas possa acabar causando mais problemas do que solucionando, então, é melhor manter o silêncio nesse momento.

Devemos sempre hesitar antes de criticar as pessoas que amamos, mas, se for necessário, devemos ter certeza de estarmos motivados por uma preocupação profunda e terna com o bem do próximo. Somente as críticas abnegadas são críticas amorosas.

Sei que essas parecem ser condições muito difíceis de colocar em prática. No entanto, sempre que consigo segui-las, sou muito bem-sucedida. Se você guardar suas críticas para questões objetivamente sérias, se certificar de que seus motivos são puros e escolher o momento adequado para expor seu ponto de vista, será muito maior a probabilidade de convencer Michael a mudar seu comportamento equivocado.

E uma mudança de comportamento é o que você quer, não é?

(É claro que essas sugestões também se aplicam a Michael em relação a você. Ele deve aprender a criticar apenas por amor e, quando o fizer, você deve aprender a receber suas críticas com gratidão.)

É sem dúvida difícil, porém, se a competição entre vocês for para ver quem se torna o mais perfeito companheiro no amor, vocês se aproximarão mais de Deus e um do outro.

Com amor,
Lily

"Ele não mexeu um dedo para me ajudar."

Querida *Julie*,

Não compreendo sua irritação por Michael não ter a iniciativa de lhe ajudar a guardar as decorações do Halloween no sótão. Por que não pediu a ajuda dele?

Há em você, talvez, uma teimosia discreta, que prefere sofrer a pedir ajuda? Se for o caso, isso é péssimo, pois a impede de fazer uso de um dos melhores recursos à disposição das mulheres: o apelo ao senso de cavalheirismo que há nos corações da maioria dos homens (embora esteja muitas vezes escondido sob uma espessa crosta de egoísmo).

É claro que é sempre uma bênção viver com uma pessoa tão atenta às suas necessidades a ponto de oferecer ajuda espontaneamente. Mas você não pode esperar que Michael seja sempre assim. A falta de iniciativa e de atenção da parte dele pode ter sido mero cansaço após um longo dia, e não egoísmo.

Você já me disse muitas vezes que ele (como todos os homens dignos de tal nome) fica mexido quando diz o quanto precisa dele. Se eu fosse você, naquela ocasião, teria dito: "Querido, não consigo carregar essas caixas sozinha. Por favor, me ajude com elas." Tenho certeza de que ele teria ajudado. (Não estou sugerindo que você finja fragilidade como um meio de manipulá-lo; eu só acho que, se pedir com sinceridade por ajuda, obterá dele uma resposta cavalheiresca.)

O motivo por trás disso é que, embora muitos homens pareçam brutos e insensíveis, eles são, lá no fundo, em sua maioria cavalheiros; eles sentem que é sua missão ajudar aqueles que são fisicamente mais fracos — mulheres, idosos, crianças. Eles são capazes de atos heroicos, motivados pelo desejo de resgatar uma pessoa necessitada.

Infelizmente, as atitudes grosseiras de algumas mulheres modernas provocaram danos graves a esse traço nobre dos homens. Muitos homens modernos, sentindo a verve competitiva das mulheres, concluíram que, se as mulheres estão adotando vícios masculinos (como agressividade, brutalidade e rudeza), ter um comportamento cavalheiresco diante delas perde todo o sentido.

Creia-me, você não se arrependerá se, em vez de competir, colaborar com os homens e apelar ao seu caráter nobre e cavalheiresco.

Com carinho,
Lily

"Eu não me importo de estar bem-vestida."

Querida *Julie*,

Conheço uma mulher que, enquanto era noiva, passava longas horas em frente ao espelho para se tornar o mais atraente possível para seu noivo. Agora ela está casada e se veste com desleixo quando está em casa, embora não meça esforços para estar atraente quando sai.

São Francisco de Sales nos diz que uma mulher piedosa deve se vestir bem, o que, no entanto, não significa que devamos ser escravas da moda. É possível nos vestirmos de modo atraente, elegante até, mas ao mesmo tempo modesto e simples. O mais importante é que o cuidado com a beleza exterior não se reserve às visitas e às pessoas que você encontra fora de casa e que você não "se deixe levar" quando está sozinha com Michael.

A partir do momento em que um casal se casa, eles devem tentar sempre ser o melhor possível um para o outro, física e, sobretudo, espiritualmente. Não é correto você dar o seu melhor a Michael, que se entregou amorosamente a você?

Que Deus abençoe você e seu querido esposo neste feriado de Ação de Graças.

Com carinho,
Lily

"Por que não posso ser simplesmente eu mesma?"

Querida Julie,

Mais uma carta minha que não convenceu você! Embora eu esteja tentando me concentrar interiormente para o período do Natal, a pressão das tarefas diárias tem sido tanta que tive de escrever a você com pressa e provavelmente não me expliquei com a clareza necessária.

Qualquer que seja o motivo, o fato é que você não se convenceu e — se interpretei corretamente a sua carta — pensa que estar sempre espiritualmente bem disposta para o seu marido é artificial, como colocar uma fachada falsa que deformaria sua relação com Michael. Muitas pessoas hoje acreditam que a sinceridade demanda que digamos tudo o que pensamos e que expressemos todos os nossos humores e sentimentos para não sermos hipócritas.

Acredito que essas pessoas não compreendem nem a hipocrisia, nem a sinceridade. Por exemplo, um pouco antes do Dia de Ação de Graças ouvi uma jovem acusar sua tia de ser hipócrita porque tentava manter amizade com uma pessoa de quem não gostava. É verdade que a atitude da tia podia ser hipócrita. Mas será que o era necessariamente? Isto depende de sua intenção, e só quem conhece bem as intenções são as pessoas que as têm.

Deixe-me ser mais específica: suponha que eu tenha uma forte antipatia por uma pessoa, mas me faça passar por sua amiga porque preciso dela por algum motivo ou porque desejo parecer muito santa. Isso seria, de fato, hipocrisia. Suponha, no entanto, que, percebendo o quanto minha atitude é subjetiva e pouco bondosa, eu tente, do fundo de minhas entranhas, ver essa pessoa como uma filha de Deus dotada de uma alma imortal. Como resultado, embora minha antipatia não vá embora, eu ainda assim a cumprimento com cortesia e lhe sou agradável.

Nesse segundo caso, eu estaria muito longe de ser hipócrita. Pelo contrário, estaria colaborando com meu eu mais profundo, transcendendo minha aversão para tentar ver a pessoa como Deus a vê. Essa é a verdadeira caridade — não baseada em sentimentos passageiros de simpatia, mas na consciência do valor sublime que essa pessoa tem enquanto filha de Deus.

Conheço uma mulher que acredita ser muito sincera porque não hesita em lhe dizer que seu vestido está feio ou que tem um dente torto que estraga seu sorriso. Isso não é sinceridade, mas grosseria pura: a manifestação de sentimentos superficiais que machucam os outros.

Para fugir disso, nós devemos recorrer às profundezas do nosso ser, onde podemos encontrar a bondade e o respeito de que as pessoas são dignas. Não se permita equivocar, acreditando que, por ter um sentimento ou pensamento em particular, você deve expressá-lo em nome da sinceridade.

Assim, quando aconselho você e Michael a estarem sempre espiritualmente bem dispostos em sua vida de casados, não estou defendendo uma "falsidade hipócrita" (para usar a expressão de sua carta) que eliminaria qualquer espontaneidade. Na verdade, estou aconselhando a distinguir entre seus sentimentos mais profundos e válidos e os mais superficiais e inválidos, e, também, através de seu livre-arbítrio, a optar sempre pelos sentimentos válidos e rejeitar os que forem inválidos.

Seus sentimentos ilegítimos talvez não desapareçam, mas ao menos não se enraizarão em você, pois não serão alimentados. Na melhor das hipóteses, eles perderão força e desaparecerão, sobretudo se você criar o hábito de rejeitá-los sempre que aparecerem.

Seja fiel à bela "versão Monte Tabor" de Michael, da qual falei em minhas primeiras cartas. Sei que muitas vezes isso é difícil e que essa visão especial — dada inicialmente como um dom — deve ser sempre revitalizada.

Isso não é nenhuma surpresa. Os Apóstolos viram Cristo transfigurado no Monte Tabor e, ainda assim, também tiveram de retornar ao pé da montanha e mais tarde subi-la de novo, às vezes, através de névoa e chuva, sustentados apenas por sua fé de que a visão momentaneamente obscurecida ainda era verdadeira e de que Cristo ainda os esperava lá em cima.

Tenho certeza de que há em seu casamento momentos similares, nos quais a visão que um dia teve de Michael parece ser apenas uma ilusão empolgada que você erroneamente tomou por uma realidade válida. É aqui que sua fidelidade ganha importância. Com fé, você deve sempre relembrar a visão original de Michael, mesmo que a fé tenha, por ora, de substituí-la. Com o auxílio da graça de Deus, a visão piedosa e retida lhe dará forças para ir adiante, escalar rochas íngremes, encarar os perigos e dificuldades do caminho. A promessa de recapturar a beleza que você outrora percebeu no seu amado lhe dará asas e força.

Aqui seu arbítrio é de importância fundamental, pois todo amor autêntico precisa ser confirmado por diversos atos da vontade, que nos sustentam quando — por qualquer motivo — nossos sentimentos enfraquecem.

Assim, quando você amar, ame aquele Michael que viu naquela primeira visão transfigurada. Dessa forma, sempre irá querer ser o seu melhor para ele, como um dom especial com que o presenteia. (É sempre motivo de sofrimento para um cônjuge se perceber incapaz de dar à pessoa amada o melhor de tudo, inclusive de si mesmo. Mas, ao menos, nos resta dar tudo o que podemos e rezar para o mais cedo possível nossa oferta ser melhor.)

Espero que isso a convença de que não estou defendendo a artificialidade, mas a fidelidade a quem você verdadeiramente é.

Nessa época de Natal, somos chamados a uma introspecção profunda em nossas almas, que deve transformar, por meio do amor, nossos comportamentos e nossas ações.

Rezarei por você e Michael enquanto, cheios de alegria, celebramos o nascimento de nosso Salvador.

Lily

"Foi uma briga séria."

Querida *Julie*,

Sim, também me surpreende que discordâncias sobre questões tão bobas possam acontecer mesmo entre pessoas que, como você e Michael, concordam a respeito de todas as grandes questões da vida. Tenho certeza de que parte da culpa foi da agitação do feriado. Os dias de folga dele eram poucos para vocês irem de carro a Nova Jersey no dia seguinte ao Natal, chegando em Chicago três dias depois e retornando a St. Louis no dia de Ano-Novo. A exaustão estraga qualquer humor.

Ainda assim, é evidente pelos seus comentários que o cansaço tem apenas parte da culpa pela briga que tiveram. As diferenças entre seus desejos e temperamentos individuais também contribuíram.

Mas estou convencida de que também estão tendo problemas que são alimentados pela tensão perene existente entre homens e mulheres, seres com estruturas e pontos de vista muitos diferentes e que, portanto, costumam atribuir uma importância diferente às coisas. O estresse e a exaustão acentuam os efeitos dessas diferenças. Porém, não penso que elas sejam insuperáveis.

Como ensina a Bíblia, o homem e a mulher foram criados como seres complementares, que devem enriquecer um ao outro através de suas diferentes estruturas e de seu amor mútuo, de modos que são impossíveis entre seres do mesmo sexo.

Nenhum de vocês, sozinho, consegue gerar um filho; juntos, podem se tornar pais. Essa fertilidade também se reflete em suas almas, e tudo o que fazem em parceria um com o outro é mais rico por conta dela. É isso o que acontece em um casamento feliz.

Por que, então, sua natureza às vezes entra em conflito com a de Michael? Acredito que esse problema tenha sua origem com Adão e Eva. Quando eles pecaram juntos contra Deus, apartaram-se d'Ele. Seu pecado também os separou *um do outro*, profundamente. (Pecar em conjunto sempre termina por separar os comparsas pecadores, o que é uma das facetas de sua punição.)

Ambas as naturezas masculina e feminina foram afetadas pelo pecado original. Todas as qualidades masculinas mais notáveis, como força, coragem e nobreza, foram minadas desde a raiz. Você já deve ter notado que, quando um menino pequeno se irrita, sua primeira reação é usar os punhos. Como a maioria dos homens, Michael tem de lutar contra a tentação de permitir que sua força degenere em brutalidade, sua coragem, em imprudência, e sua nobreza, em arrogância e orgulho.

E com certeza você já sofreu tentações paralelas: sua sensibilidade natural ameaça se tornar mero sentimentalismo autocentrado e sua atenção aos detalhes pode, com extrema facilidade, degenerar em mesquinhez. (Nesses momentos, tenho certeza de que Michael se sente tentado a cantar a canção de Higgins, em *My Fair Lady*: "Por que não pode uma mulher ser mais como um homem?")

Ao longo dos últimos meses, você e Michael têm vivenciado os efeitos da Queda de Adão e Eva, refletidos em suas naturezas diferentes, as quais, originalmente, deveriam estar em harmonia, não em conflito. Em momentos de tensão, Michael esquece o belo segredo da feminilidade, encarnado em você; e você, por sua vez, perde de vista a força e a nobreza masculinas que ele encarna. Vocês passam a identificar um ao outro de forma errada, não com *quem* cada qual é, mas com suas fraquezas características. Isso está muito longe do plano que Deus tinha quando deu Eva a Adão e quando permitiu que você e Michael se entregassem um ao outro.

Você pode considerar essa situação decaída como uma tragédia (o que ela de fato é) ou como um desafio (o que ela também é). Como já disse antes, o casamento cristão é uma vocação importante: é o cenário ideal para se reestabelecer a harmonia original entre homem e mulher, tão tristemente corrompida pelo pecado.

Que tremenda missão para você e Michael — nobre e difícil! Mas, com humildade, perseverança e oração, o amor de vocês triunfará.

Com meus melhores votos de um Ano-Novo pleno de reconciliação e amor, sua sempre,

Lily

"Ele se irrita quando eu digo 'sempre.'"

Querida *Julie*,

Bem quando as coisas estavam se acalmando entre vocês, você acabou com a paz ao utilizar essa palavra que parece tão inócua, mas que é, na verdade, carregada de significados: *sempre*. Podemos usá-la para falar de coisas insignificantes ("Você *sempre* deixa as toalhas no chão") ou para fazer acusações e críticas muito mais profundas ("Você *sempre* trata sua mãe melhor do que a mim").

E, como sua palavra gêmea (*nunca*), *sempre* causa sempre problemas — problemas que podem ser evitados.

Não é apenas inapropriado dizer *sempre* quando você quer dizer *frequentemente* ou mesmo às vezes; trata-se de deixar de reconhecer que Michael muitas vezes fez o que era correto sem que você percebesse ou, no mínimo, que ele lutou com coragem para fazê-lo e foi derrotado. Como somos rápidos para perceber falhas e esquecer vitórias!

Ressaltar as falhas de Michael pode desencorajá-lo, especialmente no que diz respeito a assuntos sérios. Dizer em voz alta que ele *sempre* cede a uma certa fraqueza (como ser impaciente) quando, na verdade, ele talvez faça um tremendo esforço para evitá-la, pode levá-lo a uma conclusão indesejável: "Para Julie, não faz diferença se eu me esforço ou não para melhorar. Desisto."

Será muito mais amoroso resistir a externar sua irritação ou ao menos utilizar a ocasião para elogiar Michael pelo progresso: "Fiquei surpresa ao encontrar a toalha no chão do banheiro. Você estava sendo muito cuidadoso com isso."

O espírito do amor domina a frase, livrando-a do peso de um julgamento frio. Devemos ter sempre o cuidado de fazer o amor permear nosso convívio com nossos cônjuges, para que as diferenças que temos não se tornem obstáculos, mas os ajudem a caminhar no sentido da perfeição.

Se você agir sempre assim, *sempre* e *nunca* não trarão mais problemas ao seu casamento, e mesmo as coisas irritantes a aproximarão de seu marido.

Aguardo notícias suas,
Lily

"É tão difícil mudar."

Querida *Julie*,

No dia em que conheci meu marido, ele estava dando uma palestra a um grupo de amigos em seu modesto apartamento, em Central Park West. O tema de sua fala era "a prontidão para a mudança", o que também é o título do primeiro capítulo de sua grande obra, *A nossa transformação em Cristo*.

Não tenho palavras para descrever a impressão que aquela palestra me causou. Pela primeira vez em minha vida, descobri a chave para o progresso moral e espiritual: *a prontidão para a mudança*. Saí da palestra em um estado de alegria e gratidão, que guardo na memória até hoje.

No entanto, a vida ainda viria a me ensinar que ter a chave não é o mesmo que saber utilizá-la corretamente. De fato, quando passo em revista minha vida, vejo que a falta de prontidão para a mudança prejudicou muito meu desenvolvimento espiritual.

Em certo sentido, nós todos somos um pouco "tias velhas" — pessoas que nunca se adaptaram à vida com os outros. Estabelecemos caminhos estreitos para nós mesmos e temos horror à mudança (além de uma paixão por modificar as outras pessoas). Conheço quem leve detalhes insignificantes tão a sério, que uma colher guardada na gaveta errada é capaz de provocar um terremoto.

Mesmo no casamento, quase sempre consideramos, implicitamente, o "nosso jeito" como o jeito correto. Quando desafiados a mudar, nossa primeira reação costuma ser: "Isso é problema meu", ou "Deixe-me em paz", "Sou livre e tenho o direito de fazer as coisas como quiser". É estranho como é difícil para nós, pobres seres humanos, aceitar modificar mesmo pequenos detalhes. (Obviamente, refiro-me a mudanças para melhor. Jamais devemos ceder à vontade de nosso ser amado quando isso significar fazer o mal — o que não seria amor, mas simples fraqueza.)

É difícil para nós mudar para melhor, pois a prontidão para a mudança demanda que lutemos contra nossa própria vontade. Essa é uma grande fonte de conflitos no casamento. Por mais que desejemos ser perfeitos, devemos reconhecer que amamos sobretudo a nossa própria vontade. Amamos a Deus — até certo ponto; amamos nosso marido — até certo ponto. Mas, como notou Kierkegaard, nosso mais puro amor costuma ser sempre a nossa própria vontade.

Há apenas uma coisa capaz de tornar as pessoas prontas para a mudança: o amor. O amor é capaz de derreter o coração mais gélido, tornando-o fluido e maleável. Como é libertador sairmos da prisão em nós mesmos, lutando, por amor, com nossa própria vontade! O amor torna doce a morte da minha vontade, embora talvez eu só consiga desfrutar dessa doçura após um longo esforço.

Seu amor por Michael é imenso, assim como o dele por você. Por isso, não tenho dúvidas de que ambos estarão à altura do desafio do amor e em breve aprenderão a estar sempre prontos para mudar pelo bem de quem amam.

Com todo o meu carinho,
Lily

"Talvez seja melhor eu parar de trabalhar fora."

Querida *Julie*,

Você tem diante de si um dilema difícil quanto ao seu trabalho, especialmente porque é cada vez mais complicado conciliar as demandas do casamento com o fato de vocês dois trabalharem fora. Essa é uma batalha compartilhada por muitas mulheres hoje. Como pagarão as contas se só Michael trabalhar? Por outro lado, como podem trabalhar e ainda manter uma vida familiar decente?

Não se trata de definir se as mulheres devem ou não trabalhar, pois as mulheres sempre trabalharam — e como! Criar filhos e cuidar da casa é um trabalho descomunal. No entanto, devido às mudanças sociais das últimas décadas, as mulheres hoje competem com os homens fora de casa, às vezes por ocupações antes exclusivamente masculinas.

Você me perguntou se esposas devem ou não trabalhar fora de casa. Não posso responder definitivamente com *sim* nem *não*. Tudo depende da situação concreta da mulher, da vocação que Cristo coloca diante dela enquanto indivíduo do sexo feminino. Em uma palavra, depende do tema que se apresenta diante dela.

Em nossa sociedade, a maioria de esposas sem filhos trabalham. Em princípio, eu não tenho nada contra isso. De fato, eu mesma trabalhei por 36 anos como professora universitária, de forma que conheço tanto os benefícios quanto os problemas que a vida profissional traz às mulheres.

Algumas mulheres precisam trabalhar: seus maridos estão doentes, desempregados ou não ganham o suficiente. Outras, porém, investem em carreiras porque odeiam o serviço doméstico e preferem deixar suas casas e seus filhos aos cuidados de terceiros, em vez de cuidar deles por conta própria. (Ironicamente, em muitos casos, elas acabam trabalhando em um escritório o dia inteiro e, quando chegam em casa, fazem o serviço doméstico também.)

Trabalhar fora de casa pode ser mais chamativo, mais emocionante: você se sente no meio das coisas, com a vida pulsando ao seu redor. Ganha um salário que, para muitas pessoas, simboliza seu talento e seu sucesso.

Contudo, junto a esses benefícios vêm problemas. Tenho certeza de que, a essa altura, você e Michael já estão conscientes deles: o emprego pode se tornar o tema central da sua vida. Sei por experiência própria que é muito difícil trabalhar o dia inteiro e manter o casamento absoluta e completamente em primeiro lugar, onde ele deve estar. No mercado de trabalho, questões relativas a competição, promoção e sucesso profissional exigem precedência.

Esse é um bom momento para vocês tentarem esclarecer quais são suas prioridades e estabelecer que, mesmo se você precisar trabalhar para pagar as contas, seu relacionamento um com o outro (e, no futuro, com os filhos que tiverem) deve ser o cerne humano de seus corações. Respeitando essa base, você conseguirá mensurar se seu trabalho está fazendo mais mal do que bem, e então vocês poderão escolher a opção mais adequada.

Com todo o meu amor,
Lily

"Michael chegou em casa em um momento complicado."

Querida *Julie*,

Nós, seres humanos, somos criaturas estranhas. Quando vamos jantar com o presidente da empresa em que trabalhamos, nos preparamos com cuidado para o encontro, revisando o que devemos dizer e como vamos dizê-lo. Antevemos dificuldades; nos mobilizamos para enfrentar problemas.

Isso é correto; afinal, nossa carreira está em jogo.

E, no entanto, ao voltar para casa após um longo dia de separação, quando estamos prestes a reencontrar a pessoa mais importante de nossas vidas, raramente nos submetemos a qualquer tipo de preparação. Entramos em casa acreditando que podemos "ser nós mesmos".

Esse é um infeliz equívoco.

Devemos sempre nos preparar para o tempo que passamos com nossos cônjuges em casa. Como discutimos antes, não estou recomendando um comportamento artificial, mas antes uma introspecção deliberada da alma, alguns momentos de meditação nos quais você reflita sobre o precioso dom do amor e de seu casamento com Michael.

Naquele dia, principalmente por ser o Dia dos Namorados, você esperava que Michael, ao retornar do trabalho, estivesse radiante ao cumprimentá-la e expressasse sua alegria por estar com você após longas horas de trabalho.

O que se passou foi o oposto.

Michael estava tenso, exausto e precisava da atmosfera acolhedora de um lar amoroso. Ele também presumiu (rápido demais!) que encontraria em você a mais pacífica das disposições, e, no entanto, o seu dia no escritório também tinha sido problemático e estressante.

Se vocês tivessem tido um momento de reflexão e preparação antes de se reencontrar, estariam prontos para responder com compreensão amorosa às expectativas frustradas um do outro. Em vez disso, ambos acreditaram que encontrariam em casa somente amor e consolação — não irritação — e, quando seus problemas não receberam a atenção e o consolo desejados, reagiram ao desapontamento com uma explosão verbal.

Em vez de o lar ser a fortaleza e o refúgio de que precisavam, tornou-se tão desagradável quanto fora o resto do mundo ao longo daquele dia. A noite foi um desastre.

Da próxima vez, tente se preparar melhor antes de cumprimentá-lo e peça a ele que tente fazer o mesmo. Tenho certeza de que ambos ficarão muito satisfeitos com a diferença que isso fará em seu casamento.

Aguardo notícias suas em breve. Até lá, por favor, transmita meus mais afetuosos cumprimentos ao seu querido Michael.

Lily

"Devemos levar para casa os problemas do trabalho?"

Querida *Julie*,

Há pessoas que se envolvem tanto com seu trabalho que jamais conseguem interrompê-lo. Em casa, estão presentes, mas espiritualmente ausentes, pois ainda estão pensando no trabalho: elas têm olhos e não veem, têm ouvidos e não ouvem — o que é muito difícil para sua família.

Essa é uma das maiores ameaças do trabalho ao seu casamento. Tendo isso em mente, quando o tema para vocês for estarem juntos (ou com qualquer outra pessoa), apague de sua consciência suas preocupações profissionais e se concentre na pessoa que está diante de você, nas palavras, preocupações e necessidades que ela compartilhar com você. Ouça-a e esteja presente para ela, de verdade.

Algum tempo atrás, li uma história muito emocionante sobre um homem que encontrou um modo inusitado de ser fiel a esse objetivo.

Todas as noites, antes de entrar em casa, ele parava diante de um arbusto um pouco distante da porta da frente e fingia depositar ali um pacote invisível, contendo suas preocupações e problemas profissionais. Desse modo, ele simbolicamente deixava seus problemas de trabalho fora de casa (eu diria, "nas mãos de Deus"), para que eles não perturbassem sua vida familiar, nem fossem um fardo para seus filhos pequenos. Todas as manhãs, ao sair para o trabalho, ele fingia pegar de volta o pacote e só então se permitia preocupar-se com aqueles problemas.

Ao que tudo indica, naquelas noites em que deixava seus problemas fora de casa, esse homem de negócios pensava que trazê-los ao seu lar não era o tema. Como ele, você e Michael devem tentar discernir qual o tema de suas noites — se é prudente compartilhar os problemas importantes ou deixá-los para um momento mais apropriado. (Enfatizo a palavra *importantes*, pois vocês devem fazer o possível para não sobrecarregar um ao outro com pequenas chateações.)

Às vezes, é melhor deixar suas preocupações no trabalho; em outras, é necessário compartilhá-las com o outro, para que seja mais fácil suportá-las. Como sempre, tenham discernimento para descobrir o tema: qual a disposição de Michael e qual a sua? Algum de vocês está cansado, agitado ou desestimulado, de maneira que discutir problemas profissionais agravariam uma situação já tensa? Esse tipo de conversa estragaria as preciosas horas que vocês têm juntos? Ou, pelo contrário, deixar de conversar sobre esses assuntos os deixaria tão perturbados internamente, que o dano acabaria sendo pior?

Vocês terão de responder essas questões antes de cada ocasião, e devem se preparar para obter respostas diferentes a cada dia. Se tiverem sensibilidade para discernir o tema oferecido a vocês no momento, acredito que não terão dificuldade para decidir quando é melhor compartilhar em casa os problemas do trabalho e quando é melhor deixá-los em um arbusto do lado de fora.

Com amor,
Lily

"Tenho feito muitas horas extras."

Querida *Julie*,

Entristece-me que seu trabalho tenha se tornado tão exasperante, e imagino que esse clima de início de primavera o torne, por contraste, ainda mais desagradável.

É óbvio que o trabalho tem estado muito em seus pensamentos, e compreendo o quanto você deve sofrer quando chega em casa exausta, após longas horas no escritório, e se dá conta de que ainda é preciso fazer compras — e que depois é preciso cozinhar, lavar a louça e fazer todas as demais tarefas domésticas. Torna-se fácil esquecer que a refeição que você faz em companhia de Michael é um dos momentos mais importantes do seu dia.

Não é de surpreender que tenha chegado em casa, algumas noites atrás, desejando apenas engolir um sanduíche sozinha e relaxar. Sem dúvida, é difícil transmitir a Michael a impressão de que você está feliz por estar com ele quando, na verdade, está exausta, arrasada pela correria da vida profissional.

É uma batalha diária para um marido ou esposa que trabalha fora manter o casamento no centro de sua vida. Mesmo que, em teoria, você saiba muito bem que esse seria o correto, acaba falhando na prática, por conta das demandas incessantes do trabalho.

Sempre haverá emergências no trabalho, ocasiões em que se exigirá que você dê mais do que o estritamente necessário. Em tais ocasiões, é muito difícil não descuidar dos assuntos do lar.

Por outro lado, se seu coração não se distanciar do casamento, não demorará para que colegas sem o mesmo senso de prioridades que você a ultrapassem, pois estarão dispostos a sacrificar suas vidas pessoais pelo trabalho. É evidente que eles têm o coração e a alma na vida profissional, não na família. Sua profissão é seu deus.

Sempre coloquei meu casamento em primeiríssimo lugar, mas as consequências disso para minha carreira foram enormes. Sempre me diziam que uma maior dedicação à faculdade (o que, normalmente, significava participar de alguma tediosa função administrativa) aumentaria minhas chances de promoção. Eu era uma mulher com uma carreira profissional e colocava meu marido em primeiro lugar, mas não era fácil. (No entanto, olhando para trás hoje, vejo que dar prioridade ao meu casamento foi a melhor coisa que podia ter feito.)

Não estou aconselhando você a descuidar de seu trabalho. Longe disso. Quando estiver no escritório, seu tema deve ser cumprir suas devidas tarefas com toda sua concentração e todo seu talento.

Estou, na verdade, discutindo a questão que levantei em minha carta do mês passado: o trabalho deve ser o centro da sua vida? Deve ter precedência sobre o casamento na sua lista de prioridades?

Sem fixar a resposta com muita firmeza em sua mente, será difícil (dia após dia) manter suas prioridades.

Conheço algumas mulheres que resolveram esse problema abandonando o sonho de ter uma carreira de sucesso e se dedicando integralmente às suas famílias. Hoje, ao olhar para trás, elas não se arrependem da escolha que fizeram. Quando a tensão entre as responsabilidades profissionais e os deveres familiares cresceu muito, elas tiveram a sabedoria de sacrificar seus empregos em prol de sua vocação para a família.

Como é belo ver um marido profundamente dedicado à sua esposa, que reconhece que ela, sim, é a grande bênção de sua vida! Como é belo ver filhos que amam e respeitam seus pais e dão admirável continuidade aos seus talentos!

Essa é a grande recompensa de casais que descobrem que o amor é a maior de todas as vocações. Em um de seus últimos livros, Malcolm Muggeridge expressou tal ideia com exatidão: "Nessa vida, não aprendi nada além de que o amor é a única real felicidade, e que não se pode obtê-la recebendo, mas dando."

Com carinho,
Lily

"Nosso casamento não tem sido o mesmo ultimamente."

Querida *Julie*,

Suas últimas cartas não têm estado muito alegres. Após quase dois anos de vida conjugal, o convívio, por algum motivo, já não é tão empolgante quanto naqueles primeiros momentos do amor de vocês. Suspeito que o problema seja terem se habituado a viver um com o outro. O brilho da novidade, a tremenda aventura que é compartilhar da intimidade de outra pessoa — tudo isso já se desgastou e vocês gradualmente caíram na rotina.

Seu período de noivado foi feliz: vocês tinham asas espirituais; irradiavam alegria e gratidão e estavam totalmente despertos. Nenhum esforço parecia grande demais, nenhum problema os assustava. Como seu coração batia forte ao simples pensamento de encontrar Michael! Agora, você está mais preocupada com a possibilidade de ele chegar em casa mais cedo e o jantar não estar pronto.

No entanto, o casamento deveria ser ainda mais belo do que o noivado. Do contrário, por que as pessoas se casariam?

Desde que se casaram, você e Michael se acostumaram a estar juntos. A presença do outro se torna *normal*; é algo esperado e, portanto, deixa de ser tão emocionante e de fazer bater forte o coração.

Vocês parecem ter caído em um estado de dormência espiritual, no qual suas vidas parecem muito seguras e já não se sentem gratos pelas bênçãos que receberam. Como um verme perfurando uma maçã, o hábito se infiltrou no seu casamento.

Sem dúvida, já perceberam que o hábito é um grande perigo que ameaça não somente o casamento, mas todas as principais coisas da vida. O hábito é ainda mais perigoso por oferecer diversos pontos positivos. Como uma espécie de segunda natureza, ele nos permite fazer as coisas com maior facilidade e um mínimo de atenção. (Pense em como seria difícil dirigir, se você tivesse que se esforçar constantemente para lembrar do que fazer em seguida: em qual pedal pisar, quando mudar a marcha e assim por diante.)

Contudo, por mais desejáveis que sejam os hábitos na vida prática, eles podem ser desastrosos dentro do casamento. Quando você é movida pelo hábito, faz os mesmos gestos e cumpre as mesmas tarefas — só que estes são vazios, pois não está totalmente atenta quando os pratica.

Viver com outras pessoas demanda um constante estado de vigília, uma presença constante. Você sabe como é frustrante estar com alguém e sentir que a pessoa está com a mente e o coração em outro lugar. Mesmo que diga "sim", "hum-hum", "sei", essas são apenas respostas mecânicas.

Não tenho dúvidas de que o hábito é uma das maiores ameaças ao casamento. É como uma poeira cinza que se espraia sobre tudo, roubando o brilho e a beleza das coisas.

Sou viúva e sempre odiei hábitos espirituais; e, mesmo assim, quando passo em revista minha vida, tenho motivos de sobra para chorar pelas lacunas que essa doença espiritual provocou em meu casamento. Quantas vezes, hoje eu recordo, agi como se tudo fosse eterno e deixei de vivenciar as coisas com a atenção agradecida, que é típica do verdadeiro amor.

Se não lutar contra o hábito, seu casamento será uma presa dessa teia rotineira. Todos os dias, você deve tentar combater os hábitos espirituais e renovar sua consciência de que seu casamento com Michael é uma enorme bênção, de como lutou por ele, como estava impaciente antes de se consumar e como se entristeceu quando pensou que nunca realizaria esse sonho.

Hoje, Deus concedeu a você essa bênção. Como uma flor que deve ser regada todos os dias, cuide de seu amor por Michael com gratidão e atenção. Agradeça a Deus por ele e prometa que terá o mais terno cuidado com essa planta tão frágil. Pense por um momento em quão terrível seria perdê-lo para a morte; imagine como você se arrependeria de sua dormência espiritual.

Tenho certeza de que, com a ajuda de Michael, você pode se libertar da teia mortal do hábito e fazer de cada dia uma oportunidade para elevar seu coração em gratidão a Deus pelo dom da vida de seu marido e de seu casamento com ele.

Como dizia Kierkegaard, "no paraíso não haverá hábitos". E, sem dúvida, o ideal do casamento é ser a antessala do paraíso.

Com todo o meu amor,
Lily

"Conviver será difícil esta semana..."

Querida *Julie*,

Que semana difícil você teve! Lamento que Michael tenha estado distante e irritado. Nos últimos tempos, as coisas de fato não têm dado muito certo para vocês. É compreensível que num dia como este minhas palavras sobre a "versão Monte Tabor" de Michael pareçam vazias e meu elogio da beleza do casamento soe irreal.

Seus comentários me recordam de algumas críticas feitas ao livro de meu marido, *Casamento: O mistério do amor fiel*. Algumas pessoas disseram que ali se propõe um ideal tão elevado do casamento, que é de fato inalcançável: um conto de fadas, um livro que só faz sentido para recém-casados. O pior (disseram) é que tal elogio da grandeza do casamento pode levar os casais a acreditarem que são poucas as dificuldades da vida conjugal. O que, mais adiante, poderia levá-los a perder a coragem rapidamente diante dos problemas e a concluir que seu amor era uma ilusão e que seu casamento não merece ser salvo.

Esse seria um erro catastrófico! Nossas imperfeições nos acompanham aonde quer que vamos, mesmo dentro de nosso casamento, belo como este seja. É preciso ser muito ingênuo para acreditar que, quando uma pessoa se casa estando apaixonada, todos os seus defeitos — seu orgulho, seu egoísmo, sua teimosia e sua mediocridade — evaporam no mesmo instante.

Somos seres muito imperfeitos. Quanto mais envelheço, mais tenho certeza de que "sem Cristo, nada podemos". Por mais que você e Michael desejem amar — por mais que tenham sido feitos para o amor —, seu casamento é suscetível a conflitos, os quais podem se instalar com incrível rapidez. Era inevitável que descobrissem o quanto são imperfeitos quando se trata de viver o amor, dia após dia, no verão e no inverno.

A próxima sexta-feira será a Sexta-feira da Paixão, o dia em que a Igreja comemora a morte de Cristo na Cruz. Depois da crucificação de Cristo, os apóstolos sofreram desolados por alguns dias, pois a missão do Salvador parecia ter sido derrotada. No entanto, como puderam Pedro, Tiago e João esquecer a transfiguração de Cristo no Monte Tabor, pela qual se revelara a eles Sua divindade?

Assim como os apóstolos após a crucificação, você está agora passando por um período de trevas, o que é inevitável no casamento. O crucial, nesses momentos, é trazer de volta à sua mente a gloriosa visão de Michael no Monte Tabor, que lhe foi dada no momento em que você se apaixonou. O que viu ali, mesmo que agora pareça uma ilusão, foi o verdadeiro Michael. Aquela visão transfigurada era real, não era um produto da sua imaginação.

Suponha que você não tivesse visto Michael nessa versão especial, que inflamou seu amor por ele; e suponha também que não possuísse um ideal sublime acerca do casamento. Se tal fosse o caso, por que você se sacrificaria por tudo isso? Por que lutar por algo que não vale a pena?

Como disse acima, algumas pessoas criticaram o livro do meu marido por propor um ideal muito elevado sobre o casamento.

Elas estavam erradas.

Somente ideais extremamente elevados sobre o casamento podem ajudar os casais a atravessarem as fases difíceis. Quando o mar está agitado, é importante que o capitão mantenha seus olhos fixos no farol que assinala o porto seguro. A beleza e a grandeza do casamento devem ser o farol constante de vocês, precisamente por estarem ainda tão distantes da praia.

Sua fidelidade aos ideais do amor e do casamento dará a vocês a coragem e a força para triunfar. Se abandonarem esses ideais, como seu amor sobreviverá? Uma visão medíocre sobre o casamento leva a um casamento medíocre — e a mediocridade condena as relações humanas.

Quantos corretores de Wall Street se dispõem a trabalhar de forma frenética durante toda a noite para ganhar alguns miseráveis dólares a mais?! Será que vocês não deveriam estar dispostos a fazer esforços ainda maiores para salvar, aprofundar e aprimorar a coisa mais importante (humanamente falando) que possuem: seu amor um pelo outro? Estão equivocados os derrotistas cujo vício é antecipar os problemas e as decepções, o que os faz lidar com o casamento como se fosse um exercício ascético que precisa ser tolerado!

Vale a pena lutar pelo seu casamento — e nenhum sacrifício, nenhum esforço deve ser considerado grande demais para que você alcance o nobre objetivo de viver uma união perfeita com seu esposo.

Quando Michael estiver menos irascível, tenho certeza de que não será necessário convencê-la disso. Nesse momento, o mais importante é fixar esse objetivo de modo tão firme em sua mente que nada o tire de lá, nem mesmo a mais grave das discussões. Sobretudo nesses dias santos, lembre-se de que às trevas da Sexta-feira da Paixão se seguiu brevemente a luz gloriosa e salvadora da Ressurreição, na manhã de Páscoa.

Esteja certa de que oração, paciência e um amor fiel e dedicado farão com que seu casamento sobreviva a esses momentos difíceis e alcance a luz radiante que brilha do outro lado.

Todo o meu carinho a você e ao seu amado,
Lily

"O casamento deles parece tão perfeito."

Querida *Julie*,

Recebi hoje pela manhã a carta em que você fala sobre como você e Michael ficaram deprimidos após o almoço com o casal DeLisles. Como é irônico que uma tarde agradável com amigos possa ocasionar tanta aflição. A alegria deles incomoda vocês, pois — admiro sua honestidade ao admiti-lo — os invejam.

Eles parecem ter alcançado algo que poucos casais conseguem: a harmonia perfeita, um tipo de sincronização que remete a um dueto irretocável. De repente, todos os pequenos incômodos e as discussões que afligem o casamento de vocês diariamente vieram à tona, e viram quão distantes ainda estão da união perfeita. Isso não me surpreende. Não se esqueça de que nem todos os casamentos passam pelas mesmas dificuldades. Alguns seres humanos têm temperamentos fáceis e agradáveis (Christine é uma das pessoas mais gentis que já conheci, o que é de grande valia no casamento). Você e Michael não têm disposições tão suaves — embora nenhum de vocês seja brigão o tempo inteiro, o que também dificultaria muito a vida conjugal.

Então, talvez devam se perguntar: "Qual nosso tema agora?" E considerem esse almoço perturbador como uma nova oportunidade para escolher entre a resposta certa e a errada. A resposta errada seria perder a esperança e jogar a toalha: "Talvez outros casais consigam — eles levam mais jeito do que nós. Conosco o esforço é inútil." A resposta certa é deixar que o belo casamento de George e Christine os convença de que a verdadeira harmonia entre esposos é possível.

Quando perderem a esperança, tentem refletir sobre a história de santo Agostinho, que, antes de se converter, ouviu falar sobre as façanhas maravilhosas dos cristãos e exclamou: "Se os outros podem, por que eu não posso?" E, então, ele lutou ainda com mais coragem, com a graça de Deus, para se libertar do pecado.

Sem dúvida, o casamento de vocês pode ser aprimorado em muitos sentidos. Mas este fato é na verdade muito menos importante do que vocês terem a firme resolução de levantar-se após cada queda e declarar: "Agora começaremos tudo de novo."

Um casal que luta continuamente para aprofundar seu amor e sua harmonia está muito melhor espiritualmente do que um casal que acredita ter alcançado a perfeição e se acomoda em uma presunção complacente. Estou certa de que George e Christine não alcançaram sua união do dia para a noite, sem grandes sacrifícios e tribulações. Em todo grande relacionamento amoroso, a união resulta da firme vontade do casal de continuar se aprimorando e só se mantém na medida em que eles cumprem fielmente esse desígnio.

Apesar das dificuldades particulares que afligem o casamento de vocês, a paciência amorosa, a boa vontade e a oração (muita oração!) serão o caminho para que triunfem sobre as trevas, desde que ambos desejem verdadeiramente a vitória — e eu sei que é isso o desejo de vocês.

Que o exemplo de George e Christine estimule você e Michael a praticarem ainda mais ardentemente "a arte de amar". A beleza que vemos em outro jardim é um chamado a cuidarmos do nosso com mais amor e carinho.

Com meu profundo amor,
Lily

"Talvez eu o critique demais."

Querida *Julie*,

Talvez seja difícil perceber com nitidez, por conta das provações que tem enfrentado, mas há sinais inequívocos de que o amor entre você e Michael está se fortalecendo.

Um desses sinais é que você passou a considerar seus próprios defeitos por uma perspectiva honesta e objetiva, em vez de se concentrar nos de Michael.

É curioso como é fácil para nós perceber os defeitos dos outros, ao mesmo tempo que ignoramos os nossos. Um dos motivos para isso é que nossa atenção tem mais facilidade para observar coisas exteriores a nós. No entanto, o motivo real é que o processo de autoconhecimento do ser humano é muito doloroso.

O perigo do narcisismo está arraigado em todos nós. É maravilhoso pensar em mim mesma como uma pessoa extraordinária: atraente, charmosa, inteligente, talentosa, vencedora! É fácil nutrir todos os tipos de ilusão sobre mim mesma.

Entretanto, meus defeitos reais maculam essa ilusão. É de causar espanto que eu tente camuflá-los? Prefiro me concentrar nos defeitos dos outros, que não me machucam (exceto quando me têm por vítima).

Você já notou inúmeras imperfeições no homem que ama. Não me refiro a coisas que Michael não pode mudar — como o formato de seu nariz —, mas a coisas que estão sob seu controle. Aos seus olhos, ele é preguiçoso, impetuoso, com pavio curto, e assim por diante.

Em vez de calmamente discutir esses problemas com Michael, para ajudá-lo a melhorar, você com frequência se flagra expondo-os e exigindo que sejam reparados.

Quando dá voz às suas críticas desse modo, não apenas o efeito resultante é irrisório, como também acaba tendo de lidar com o efeito rebote: Michael se vinga, apontando os seus defeitos (com a mesma prontidão que você teve para criticá-lo). E eis uma típica situação que acaba em briga.

Com a graça de Deus, você começou a transformar essas derrotas em vitórias (e tenho certeza de que sabe que as maiores vitórias são derrotas revertidas). Você está aprendendo uma lição importante sobre a vida e, em particular, sobre a vida conjugal: devemos começar por nós mesmos. (Ah, se os revolucionários e terroristas percebessem isso!)

O interessante é que, ao começar a modificação por nós mesmos, não é raro encontrarmos soluções inusitadas para os problemas. Descobrimos que nossas ações impensadas estavam provocando as reações negativas que deplorávamos no outro. E nos damos conta de que nossas virtudes recém-conquistadas tornam mais fácil o aprimoramento das pessoas que nos cercam.

O grande exemplo nesse sentido é santa Mônica.

Ela era casada com um homem grosseiro e irascível, mas, em vez de lidar com esse problema lhe fazendo críticas e censuras — o que teria apenas piorado a situação —, aprendeu a controlar seu próprio temperamento e a cultivar a paciência.

Isso gerou dois resultados.

Primeiro, ao contrário dos maridos das amigas de santa Mônica, Patricius nunca usou de violência com ela; o que tornava mais fácil para ela o esforço de tentar amá-lo como devia.

Segundo, seu exemplo de bondade por fim venceu Patricius, a tal ponto que ela teve a felicidade de ver esse pagão ingressar na Igreja pouco antes de morrer.

Ela desviou sua atenção dos defeitos do marido para os próprios e trabalhou para se santificar. Percebeu que era muito melhor se concentrar nas ervas daninhas de seu jardim antes de tentar sanar o do marido. Ela fez a mesma descoberta que pregadores e missionários de sucesso sempre fazem: a santidade é mais efetiva do que a eloquência.

Como santa Mônica, você tem muitos motivos para ter esperança e coragem. Saiba que sua avidez por aperfeiçoar seu amor por Michael é para mim uma fonte contínua de alegria.

Com todo o meu carinho,
Lily

"Eu pedi perdão a ele."

Querida *Julie*,

Fiquei muito feliz por saber que você colocou a humildade em prática, pedindo perdão a Michael por criticá-lo tanto. E como é belo que sua humildade o tenha tocado a ponto de fazê-lo reconhecer suas próprias fraquezas.

Nas palavras do poeta francês Theophile Gautier: "O orgulho deixa o coração humano assim que o amor se faz presente." O amor é o sol que derrete o gelo de nosso orgulho e nos permite dizer: "Eu estava errada. Por favor, perdoe-me."

Só queria lhe dizer que sua carta me alegrou de modo especial. Tenho o palpite de que em breve seu casamento verá melhores dias.

Com amor,
Lily

"Ele esqueceu nosso aniversário de casamento!"

Querida *Julie*,

Pelo que entendi de sua carta, você se ofendeu, semana passada, porque Michael esqueceu o segundo aniversário de casamento de vocês — um dia tão significativo para você, um dia escrito com letras douradas em seu coração e sua memória. Ele não a cumprimentou pela manhã com: "Querida, esse é um dia especial para nós dois!" Em vez disso, perguntou-lhe se você se lembrara de cancelar a consulta dele com o dentista.

Confesso que tive vontade de rir quando li seu relato dessa cena. Lembrei-me novamente de *My Fair Lady.* Você se recorda da tirada do professor Higgins contra as mulheres e de sua pergunta ao seu amigo Pickering: "Se eu esquecesse o seu estúpido aniversário, você faria um escândalo?"

Como esperado, Pickering (representando a maioria dos homens) disse que não. Perceba com isso que Michael não foi o único homem a "pecar" por esquecer uma data importante. Como ele, a maioria dos homens consegue se lembrar de coisas pequenas, como levar o lixo para fora, mas se esquecem de eventos importantes, como aniversários de casamento. (Alguns homens sequer se lembram de levar o lixo para fora!)

O fato de vocês dois terem se casado é tão importante para Michael quanto para você, mas a cerimônia ter acontecido numa sexta-feira, 21 de maio, é algo que para ele não tem tanta relevância. Sei que hoje muitas pessoas discordariam de mim, mas não tenho dúvida de que isso é uma consequência óbvia dos diferentes ritmos psicológicos de homens e mulheres.

Como uma mulher, você tem um forte senso de concretude — uma data em particular, uma hora em particular. Michael, por outro lado, é mais abstrato, motivo pelo qual a importância que você dá aos detalhes às vezes pode irritá-lo. Tenho certeza de que ele deve se perguntar: "Como ela consegue ser tão detalhista? Quem se importa se a mesa está arrumada desse ou de outro modo? Preocupações como essa são mera futilidade."

A experiência me ensinou que os casais modernos que negam a realidade dessas diferenças psicológicas têm mais problemas do que aqueles que as reconhecem e fazem delas um uso amoroso para enriquecer um ao outro e aos seus casamentos, colocando em prática a complementariedade mútua que já mencionei. Um dos aspectos maravilhosos e desafiadores do casamento é esse convite a você tentar transcender sua própria estrutura, compreender seu marido e se tornar uma pessoa melhor ao lado dele.

Considere, por exemplo, seu senso feminino para os detalhes e sua boa noção de tempo. Sem dúvida, vê alguma importância em horários e datas, mas talvez também exagere nessas preocupações temporais e o acuse de infidelidade ao passado, caso ele se esqueça de alguma data.

Michael também deve aprender a transcender sua estrutura masculina e perceber que o dom feminino para a concretude é um ponto forte, em vez de desdenhar do que pode lhe parecer "manias femininas". Paradoxalmente, quanto mais ele compreender o modo como você vê as coisas (*a visão feminina*, você diria), mais fácil será para você ajustar sua própria perspectiva. Ao mesmo tempo, ele aprenderá a prestar mais atenção aos detalhes e a ter sensibilidade para com as suas preocupações enquanto esposa.

Há inúmeras outras áreas onde vocês podem se enriquecer mutuamente. Michael parece ter o talento masculino de isolar sua mente de suas emoções, ao passo que em você mente e coração formam um todo belo e único, o que é uma das mais admiráveis características femininas.

Focar nas virtudes de Michael irá ajudá-la a incorporar ao seu caráter feminino alguns traços "masculinos", como objetividade, coragem e amplitude de opiniões — sem com isso se tornar masculina. Por outro lado, a atenção amorosa que Michael lhe dedicar o ajudará a substituir sua abstração e sua frieza, tipicamente masculinas, por compaixão e sensibilidade aos outros. Ele não se tornará afeminado; antes, seu caráter enquanto ser humano amadurecerá.

Ao incorporar as qualidades do outro sexo às suas estruturas, vocês se tornarão mais humanos, na acepção bíblica e integral desse termo ("Deus fez o homem; homem e mulher Ele os fez"). É possível verificar essa verdade nas vidas dos grandes santos. Lembre-se da gentileza e da doçura de são Francisco de Assis, da coragem e da força de santa Catarina de Sena e de santa Teresa d'Ávila.

É uma grande bênção quando, através da pessoa que amamos, conseguimos transcender nossa visão limitada das coisas! Aprendam a se aproximar um do outro como o cego o fez com Cristo. Diga a Michael, carinhosamente: "Desejo ver!" Então, da próxima vez que ele se esquecer de um aniversário de casamento, lembre-se de que não se trata de falta de amor, mas de diferenças naturais entre homens e mulheres. Tenho certeza de que seus problemas serão cada vez menos recorrentes à medida que ambos aprenderem mais sobre as estruturas psicológicas um do outro.

Com amor e alegria,
Lily

"Estou tentando entender o ponto de vista dele."

Querida *Julie*,

Sua carta fala o que eu tinha em mente ao dizer que homens e mulheres podem enriquecer um ao outro. Você poderia ter perdido a paciência porque Michael ficou indiferente à montanha de problemas práticos que você precisava resolver antes da visita de sua mãe. Em vez disso, você conteve sua ansiedade e não agiu de forma impensada, mas tentou ver as coisas pela perspectiva dele — o que deu espaço para que ambos lidassem com a situação com calma e objetividade. É provável que sua reação amorosa também o tenha ajudado a ser mais sensível às suas preocupações e a dedicar aos problemas a pronta atenção de que necessitam.

Vocês estão aprendendo a se valer das qualidades um do outro, esforçando-se, ao mesmo tempo, para não sucumbir às próprias fraquezas pessoais. Em vez de competir, cada um deu um passo em direção ao outro. Michael conteve seu ímpeto de sair pela porta e parou para ouvi-la, mostrando um interesse sincero pelos seus problemas. E você não levantou a voz, resmungou ou pegou no pé dele, lembrando-se sempre de que o ama.

Você está se tornando mais feminina e Michael, mais masculino.

Como é maravilhoso esse enriquecimento mútuo entre homens e mulheres! Se compreendida e vivenciada corretamente, essa riqueza é tanta, que já não restam dúvidas de que as diferenças entre os sexos são de fato uma invenção divina muito especial. Espero que continuem ensinando um ao outro a enxergar melhor.

Sempre sua,
Lily

"Ensinando a ele como ser sensível."

Querida *Julie*,

O correio está lento esses dias, mas ainda tenho esperança de que você receba esta carta antes de partir para o acampamento do Dia da Memória, pois creio ter me expressado mal na carta que enviei mais cedo.

Se bem me lembro, terminei dizendo que vocês devem "ensinar um ao outro a enxergar melhor". Incomoda-me a palavra "ensinar", pois se considerar professora de Michael poderia ser catastrófico para o casamento de vocês.

A essa altura você já percebeu que a vida matrimonial é *realmente* uma escola para o caráter. No entanto, o grande professor no casamento é o amor, não alguém do casal disfarçado de professor escolar.

Ame Michael e o ajude a amar você — jamais, porém, se considere professora de seu marido ou pense que é a missão da sua vida modificá-lo, corrigi-lo, aprimorá-lo ou educá-lo. Não quero dizer que não deva fazer críticas; recomendo que não se coloque em uma posição superior a ele, como sua professora (ou vice-versa), pois isso destruiria a preciosa igualdade que possibilita o amor conjugal e representaria o início da deterioração do casamento de vocês.

Tenho-os sempre em meu pensamento
e minhas orações,
Lily

"Por que ele não diz 'eu te amo' com mais frequência?"

Querida *Julie*,

Não fique chateada com Michael por ele achar que ao ajudar com os serviços de casa já demonstra seu amor. A maioria dos homens se surpreende com a necessidade que as esposas têm de ouvi-los dizer que as amam.

Não se trata de falta de amor da parte dos maridos; eles apenas acham que suas ações falam mais alto do que as palavras e que, portanto, declarar seu amor é desnecessário. "Quando namorávamos", argumentam, "minhas declarações de amor eram necessárias para convencer você da sinceridade do meu sentimento. Agora você já está convicta de que a amo: nós nos casamos. Então por que eu preciso repetir algo que você já sabe? Veja minhas ações".

Essa lógica seria persuasiva se as palavras *eu te amo* servissem apenas para transmitir uma informação. Felizmente, não é o caso. Seu sentido é muito mais profundo: elas manifestam um amor que exige ser manifestado. E, por esse motivo, elas mantêm seu valor integral e virginal a cada vez que são ditas.

Com delicadeza, faça Michael perceber que, assim como suas ações devem revelar o amor que ele tem por você, o mesmo deve ocorrer com suas palavras. Declarações de amor nunca são em demasia. A repetição tem um significado profundo, tanto na música quanto na vida, e o casamento em particular deve ser uma sinfonia do amor.

Com carinho,
Lily

"Decidi trabalhar apenas meio período."

Querida *Julie*,

Apesar das dificuldades advindas dessa decisão, estou feliz por você ter decidido diminuir suas atividades fora de casa e trabalhar apenas meio período. Desse modo, você continuará a ganhar um salário — algo de que casais jovens costumam necessitar — e terá, ao mesmo tempo, a oportunidade de criar para sua família um lar que será seu local de descanso, um lugar onde possam vivenciar o amor.

Compreendo que essa tenha sido uma decisão difícil de tomar e que ainda esteja insegura quanto a ela, mas não desanime, pois em breve descobrirá as muitas alegrias secretas que há nas provações advindas de uma decisão como essa.

O aprofundamento de seu amor por Michael será sua recompensa por abrir mão de muitas das conveniências e prazeres extras que seu salário do emprego integral podia pagar. Você sabe como é vazia e passageira a felicidade prometida pelas coisas que o dinheiro pode comprar! Hoje, vocês talvez estejam mais pobres — em termos monetários —, mas estão infinitamente mais ricos um para o outro, pois poderão dedicar mais tempo ao cultivo de seu amor.

Tenho certeza de que você está prestes a experimentar de um modo inteiramente novo as alegrias do casamento.

Com muito amor,
Lily

"Ele tem trabalhado demais."

Querida *Julie*,

Você está preocupada porque Michael está imerso no trabalho e só vem para casa para relaxar por breves intervalos, passando a maior parte do tempo no escritório. Este é um problema comum, talvez mais notório agora que você está trabalhando apenas meio período.

A maioria dos homens sofre com a tentação de mensurar seu valor em função de seu sucesso profissional, motivo pelo qual se deprimem quando se sentem fracassados no trabalho. Além disso, como já mencionei antes, eles têm consciência de sua responsabilidade de sustentar a família e acreditam que, uma vez cumprida essa demanda, podem relaxar quanto ao resto.

Isso é louvável, embora também represente um perigo sutil: o trabalho pode se tornar o centro da vida do homem e a casa o lugar onde cessam as obrigações e eles têm o direito de descansar.

No trabalho, Michael encontra desafios, emoção e novidade e pode exercer seus talentos e criatividade. Mas, no fundo, como todos os seres humanos, ele deseja algo além disso, algo infinitamente mais profundo: amor.

Desconfio de que o barulho ensurdecedor do mundo que nos cerca sirva para esconder nosso vazio psicológico e espiritual, para nos ajudar a esquecer o quanto somos tristes. Por trás da música alta, do clamor e do alvoroço, jaz a imensa tristeza de vidas sem um propósito transcendente. Quantas pessoas existem que não sabem (nem querem saber) qual é o sentido da vida? Quantas pessoas existem que nunca tiveram alguém que realmente as amasse e que lhes fizesse sentir alegres pelo simples fato de estarem vivas?

Você deve ter sempre em mente a importância do seu papel de esposa. Sem dúvida, ele traz preocupações e exige o cumprimento de tarefas tediosas, que quase sempre parecem frívolas ou enfadonhas. Esse é um dos motivos pelos quais as feministas radicais acusam o casamento de ser a prisão em que o totalitarismo masculino aprisionou "o segundo sexo".

Elas, no entanto, ignoram o essencial: a verdadeira missão das mulheres de criar um recinto de amor e alegria — algo que o ambiente profissional jamais poderá oferecer. Os seres humanos não são máquinas; são pessoas. Ninguém com real consciência de sua pessoalidade pode limitar seu horizonte a atividades exteriores.

Como esposa, você deve colaborar com Michael na construção de um ambiente espiritualmente acolhedor; deve ser o fogo que aquece aqueles que se aproximam de você. Em um bom lar, todos os membros da família se sentem abrigados sob a doce certeza de que são amados e compreendidos; é o local onde podem baixar a guarda.

Quanto mais bem-sucedida for a construção dessa atmosfera, mais Michael desejará voltar para casa. Ele perceberá que — exigente e prazeroso como deve ser — o sucesso profissional empalidece em comparação com o acolhimento amoroso do lar e a alegria da comunhão de almas que ele vivencia com você em casa.

Assim, tente não se chatear com as horas extras de Michael no trabalho e jamais deixe de elogiá-lo por seus sucessos.

Persista em seu amor e ele triunfará. (O amor sempre triunfa.)

Com todo o meu carinho,
Lily

"Ele se irritou tanto por uma bobagem."

Querida *Julie*,

Você deve se lembrar de minha descrição do casamento como o relacionamento humano no qual as coisas que são *em si mesmas* moralmente irrelevantes se tornam moralmente relevantes: o amor confere importância a tudo.

A irritação de Michael com seu atraso de meia hora é um exemplo disso. Como você não foi responsável pela longa fila no banco nem pelo trânsito lento nas proximidades do parque, a reação dele foi desproporcional em relação à sua culpa. (Tenho certeza de que o calor terrível que está fazendo neste verão o predispõs à irritabilidade, porém, lembre-se também de que ele é uma pessoa extremamente pontual e tende a considerar um atraso não apenas como falta de cortesia, mas como falta de amor.)

Contudo, independentemente de quão exagerada foi a reação de seu esposo, ao se deparar com ela, você deveria ter pedido desculpas em vez de se defender e exclamar: "Michael, você está fazendo uma tempestade em um copo d'água!" Sua fala, é claro, o irritou ainda mais e o levou a acusar *você* de nunca chegar na hora marcada, o que compreensivelmente a magoou também.

Só é possível haver paz quando nos preocupamos em primeiro lugar com nossos próprios defeitos, não com os dos outros. Não há nada mais irritante do que recebermos uma acusação em resposta a uma crítica legítima que fazemos a alguém. E nada nos desarma com mais facilidade do que ouvir alguém dizer: "Sim, você está certo. Perdoe-me. Tentarei melhorar daqui em diante."

Atrasos e mil outros inconvenientes contribuirão para separar você de Michael. No casamento, tensões como essas são inevitáveis e, por esse motivo, o tema onipresente do casamento deve ser o amor. É o amor que levará você a evitar os comportamentos que irritarem Michael. E, quando acontecerem imprevistos desagradáveis, o amor a fará pedir desculpas sem demora, dando sua palavra ao seu amado de que o incômodo em questão não podia ser evitado e que se arrepende de tê-lo preocupado à toa.

O fato de Michael ter pedido desculpas, depois que se acalmou, prova que, embora (como você) ele ainda tenha lapsos ocasionais, está se tornando mais humilde e misericordioso, qualidades essenciais de todo amor duradouro.

Assim, eu não me perturbaria com pequenos contratempos tais como a discussão a respeito de seu atraso. Mesmo que os problemas menores persistam, se vocês mantiverem a boa vontade, conseguirão transformar todas as boas (e as más) experiências em dons de grande valor para ambos — pois repletos do seu amor mútuo.

Com carinho,
Lily

"Não consigo ignorar todos os defeitos dele."

Querida *Julie*,

Sua resposta à minha última carta me fez questionar se me expressei adequadamente acerca de um ponto. De fato, creio que é melhor você pedir desculpas quando estiver errada e suportar em silêncio os lapsos ocasionais de Michael; não acho, contudo, que você deva se calar quanto aos defeitos habituais que Michael *pode* corrigir. Eles não fazem bem a você, a Michael e nem ao seu casamento.

Você ama seu marido e o amor sempre luta pela perfeição do ser amado. No entanto, Michael não pode modificar comportamentos cuja inadequação ele ignora. Assim, tenha cuidado para não se magoar com defeitos que ele pode não perceber que tem. Você deve perdoá-lo; mas também precisa, de algum modo — sem reclamar, passar sermões ou brigar —, fazê-lo atentar para essas faltas, que talvez sejam óbvias para você, mas não tanto para ele. Espere por um momento tranquilo e, então, com serenidade, discuta com ele os problemas que precisam ser superados para que o casamento de vocês floresça.

Costuma-se dizer que o amor é cego. Que bobagem! Como já mencionei, não é o amor que é cego, mas o ódio. *Só o amor vê.*

Quando se apaixonou por Michael, percebeu nele tanto suas qualidades quanto seus defeitos, e concluiu corretamente: "A bondade que vejo é sem sombra de dúvida *o que ele é* — a pessoa que ele está destinado a ser. Sei que, malgrado as faltas que maculam sua personalidade, ele é fundamentalmente bom." (Não é essa a noção implícita em sua última carta, quando você disse: "Quando ele cede à raiva, parece que é outra pessoa"?)

Perceba que tal juízo não foi feito apenas em função das virtudes de Michael, mas após a clara percepção de suas fraquezas e defeitos. E por isso eu digo que o amor não é cego; ele, na verdade, aguça nosso olhar. (Deus, que nos ama infinitamente, vê tanto nossa bondade quanto cada mancha escura em nossas almas.)

As pessoas que odeiam perdem a capacidade de ver as qualidades do outro. Elas se apressam a julgar que "o mal que vejo nessa pessoa é o que há de verdadeiro nela; ela é completamente má". Você ama Michael, mas também não consegue não se chatear com seus defeitos e imperfeições. O que deve fazer quanto a isso? Uma coisa é certa: fechar os olhos aos defeitos de seu marido e dizer que o ama tanto que só consegue enxergar bondade nele não seria amor verdadeiro, mas pura ilusão. O erro contrário — pois você vê todos os pontos onde ele precisa melhorar — seria se impacientar, esquecer que ele é muito mais do que suas faltas e perder a esperança de que ele pode mudar.

São Paulo nos diz que é dever dos casais acreditar que, apesar das dificuldades e dos percalços, a pessoa amada será vitoriosa. Seja no casamento, na educação ou ao dar um conselho, no momento em que dizemos a alguém: "Eu desisto; você nunca vai mudar", colocamos uma imensa pedra no caminho de seu aprimoramento. Por outro lado, sua confiança amorosa na vitória de Michael, respeitando o ritmo de que ele necessite para evoluir, será para ele o mais poderoso incentivo para se tornar uma pessoa melhor.

Por fim, tente não ter reações exageradas diante daquelas falhas de Michael que sejam incômodas *para você*. Dizendo de outro modo, oponha-se às faltas dele porque estas ofendem a Deus e machucam o próprio Michael, não por serem irritantes e "você não as aguentar mais". Como bem sabe, Michael é muito inflamável quando recebe críticas motivadas por razões egoístas. Por outro lado, quando ele sabe que a crítica vem de seu amor por ele, leva-a muito a sério. Quanto mais altruísta você for no combate aos defeitos dele, maiores serão suas chances de ajudá-lo a vencê-los.

Mais uma vez, você está descobrindo como é difícil amar de forma verdadeira e completa. É algo que exige tamanha delicadeza de sentimentos, tamanha atenção à alma do outro, tamanho cuidado abnegado com seu bem, que precisamos da ajuda constante de Deus para alcançar esse objetivo.

Sua experiência com o casamento lhe mostra que não seria sábio esperar uma mudança drástica em poucos meses e, no entanto, você pode se aproximar desse propósito a cada dia. O temperamento de Michael certamente continuará a irritá-la e a fazê-la sofrer. Mas tente, nessas ocasiões, com amor e paciência, meditar sobre a abnegação do verdadeiro amor, o qual, nas palavras de são Paulo, é "paciente e gentil, não é invejoso ou arrogante, não é insolente ou rude, não insiste em ter as coisas ao seu modo, não se irrita ou se ressente, não se regozija diante do mal, mas se alegra com o bem".

São Paulo propõe um desafio e tanto! É sem dúvida difícil — todas as grandes coisas o são — mas, com a ajuda de Deus, também as grandes coisas são possíveis. Digo de novo: seja grata inclusive pelo que é difícil. Se o casamento não exigisse de nós a aquisição dessas virtudes, nós voluntariamente lutaríamos para adquiri-las?

Com carinho,
Lily

"O colega de Michael só se preocupa com dinheiro."

Querida *Julie*,

Apesar das dificuldades inevitáveis, estou convencida de que o casamento entre duas pessoas que se amam é a maior fonte terrena de felicidade para o ser humano. Sinto pelo colega de Michael, que espera que o dinheiro lhe traga felicidade. Sucesso, dinheiro e poder são típicos substitutos modernos para o bem grandioso e nobre que é a comunhão amorosa com outra pessoa no matrimônio.

São, no entanto, substitutos falhos, e me pergunto se as pessoas acabam recorrendo a eles quando perdem a esperança de alcançar fins mais nobres. Como Dante ao se desviar do caminho correto, a maioria dos homens perde "toda a esperança de ascensão".

Você mesma já não se sentiu, vez ou outra, tentada a buscar substitutos para o amor? Seu interesse recente pela decoração da casa e por se tornar uma anfitriã perfeita poderia acabar se tornando um substituto para a felicidade conjugal, que, no entanto, só se pode alcançar por meio do aprofundamento de sua união com Michael.

Você adquiriu esses interesses em parte para se ocupar, agora que está trabalhando só meio período, mas suas cartas também sugerem que desenvolveu uma certa obsessão por eles. Será que vocês se distanciaram da real profundidade do seu amor, e por isso têm dedicado mais tempo e atenção a outras atividades e menos um ao outro?

Lembre-se de quão belo é contemplar o mundo na companhia de outra pessoa. Essa é a realidade do seu amor, mesmo que, nesse momento, você esteja um tanto distraída por suas atividades diárias.

Uma aluna minha certa vez afirmou que se tivesse um cigarro e um copo de cerveja, seria feliz. Obviamente, essa querida aluna confundiu estar *satisfeita* com estar *feliz*. Pior, contudo, do que essa confusão tão comum é o fato de que buscar prazeres medíocres predispõe a pessoa a uma vida sem grandiosidade e amor.

Compare essa atitude à de santa Teresa de Lisieux, que falava da "imensidão de seus desejos". Você, com tamanha avidez por fortalecer seu casamento, mostra que já está bem adiantada no processo de consegui-lo.

O autocontentamento nos condena à mediocridade; da mesma forma, o contentamento com um casamento medíocre condena o próprio casamento à mediocridade. Um desejo ardente por um casamento belo — temperado pela paciência e boa vontade — elevará seu casamento a níveis cada vez mais altos, com o passar do tempo.

Aí, você descobrirá uma riqueza incomparavelmente maior do que a almejada pelo colega de Michael e por todos que ignoram a imensidão do dom do amor.

Rezarei para que Deus desperte em sua alma a força de seu amor por Michael e abençoe seu casamento.

Por favor, escreva-me em breve.
Lily

"Nossa vida íntima tem sido enfadonha."

Querida *Julie*,

Um dos grandes perigos de nossos dias é a redução equivocada da vida a duas alternativas: trabalho ou diversão. A maioria das pessoas chega em casa tão exausta que seu desejo é um só: pôr os pés para cima e relaxar (o que significa assistir à televisão). No entanto, essa oposição (diversão *versus* trabalho) deixa de fora o essencial: nosso relacionamento com as pessoas — primeira e principalmente com Deus, mas também com as pessoas que amamos. Como é triste e pobre a vida que se resume a trabalhar como um escravo e relaxar.

Devo repetir: como você agora passa mais tempo em casa do que Michael, deve se esforçar para transformar seu lar em um lugar aconchegante, onde seu marido exausto descubra que o descanso abençoado do amor de vocês é infinitamente mais gratificante do que um estúpido programa de televisão.

Nos casamentos de hoje, tem sido muito comum o marido investir todas as suas energias na carreira profissional e esquecer de prestar atenção à esposa. (Infelizmente, muitas esposas que trabalham fora também estão sendo consumidas por seus empregos.)

Uma infeliz consequência para esses casamentos é que a única ocasião em que os maridos prestam atenção às esposas é na cama. Eles veem a intimidade física como um ato relaxante que lhes permite ter mais disposição para o trabalho no dia seguinte.

Por fim, o relacionamento entre esses esposos se reduz a assistir à TV e dormir juntos. ("Meu marido só quer dormir comigo. Para além disso, ele não tem qualquer interesse em mim.")

Que trágico empobrecimento da vida humana e que mutilação do casamento! Sinto vontade de chorar ao ver a destruição do belo relacionamento que deveria existir entre marido e mulher. Embora seu casamento ainda não tenha se degenerado a esse ponto, sua última carta me dá a impressão de que vocês tendem a seguir por esse caminho fatal.

Muitas pessoas acreditam que tais relações vazias são o melhor que se pode obter do casamento — porém, não se deixe contaminar por esse desespero.

Ternura, interesse amoroso e um profundo senso de espiritualidade devem caracterizar todas as suas relações com Michael. Procurem se dedicar de novo à troca de opiniões que costumava animá-los. À hora do jantar, converse com ele sobre o que aconteceu durante o dia. Compartilhem seus sucessos e suas derrotas, peçam conselhos, leiam um para o outro. Agora que o calor do verão já começa a arrefecer, façam caminhadas juntos, de mãos dadas, e desfrutem uma vez mais da beleza de estarem juntos. Creia-me, assim que Michael superar seu desconcerto inicial, ele ficará encantado ao receber de você essa atenção inesperada e correrá para os seus braços em busca de mais.

Seu papel de esposa exige que você administre a disposição espiritual de sua família. Isso é algo que Michael, como a maioria dos homens, não consegue fazer. Ele está tão imerso no trabalho, que acaba levando para casa a atmosfera profissional e tem dificuldade para se integrar à terna intimidade do lar, se você não o conduzir direito.

Como esposa, você deve tomar a iniciativa. Assim que o fizer, creio que fará a doce descoberta de que aquilo que para algumas pessoas é injusto é, na verdade, um privilégio especial das mulheres.

Assim, seus momentos de intimidade espiritual com Michael serão o pano de fundo para seus atos de entrega corporal. Eles devolverão às experiências sexuais de vocês seu caráter verdadeiro, enquanto expressão do amor mútuo que os une. E a alegria mais uma vez permeará seu casamento.

Com o carinho de sempre,

Lily

"Eu devo amá-lo só para trazê-lo para casa?"

Querida *Julie*,

Não, eu não quis dizer que você deve usar o amor apenas *como um meio* para atrair Michael para casa. Isso não seria amor. E, de todo modo, o amor não é *um meio* para nada; é algo a ser desejado por si e dado livremente por ser aquilo que é.

O amor é essencial na vida de todos os seres humanos. Na verdade, eu havia acabado de enviar minha última carta quando me lembrei de um comentário feito por uma ex-aluna minha. Estávamos discutindo sobre o amor, quando ela disse: "Quando sou amada, me sinto real."

Não sei se ela se deu conta de quão profunda foi sua fala. Eu a elogiei, é claro, mas, quanto mais penso a respeito, mais me convenço de que ela tocou em um ponto muito importante.

Quando um bebê recebe cuidados materiais, mas não é amado — se ninguém olha para ele, o abraça, o beija e o faz sentir como um visitante bem-vindo a este mundo —, ele não se desenvolve normalmente. Cada bebê desenvolve sua individualidade única através de seu relacionamento amoroso com seus pais.

Do mesmo modo, as pessoas adultas desenvolvem sua plena individualidade através de relacionamentos amorosos com outras pessoas e com Deus. Esses relacionamentos amorosos ocasionam florescimentos espirituais para os quais não há substitutos. Talvez seja por isso que nos sentimos reais quando somos amados.

Uma amiga minha me contou que, certa vez, entrou em um táxi em Nova York e deu boa-tarde ao motorista. Profundamente tocado, ele se virou e disse: "Eu sou motorista de táxi em Nova York há 15 anos e você é a primeira pessoa a me cumprimentar."

Que condenação de nossa sociedade! É a suprema falta de reverência considerar um ser humano exclusivamente como um meio para um determinado fim.

É enorme o número de pessoas que jamais encontraram alguém que realmente as amasse e lhes permitisse se alegrar com o fato de estarem vivas. Como deve ser triste a vida da pessoa que se sente irreal porque ninguém a cumprimenta, se alegra com sua chegada e se entristece com sua partida ou nota sua presença! Há inúmeros desses "túmulos sem nome" vivos; inúmeras pessoas que vivem e morrem anonimamente.

Se são ateus, seu destino é ainda pior, pois acreditam que depois da morte partirão desse mundo indiferente para integrar o puro nada. Mas, quando acreditam em Deus e sabem que há Alguém que se preocupa com eles e os ama infinitamente, se sentem reais, apesar da indiferença humana que os cerca.

Meu marido era muito amado por pessoas simples, fosse no supermercado ou na faculdade, quando ele ia comigo até lá. Ele sempre — e quero dizer *sempre* — cumprimentava as pessoas, fossem presidentes ou ascensoristas, com um afetuoso bom-dia ou boa-tarde.

Pode parecer que isso são miudezas, mas não são. Independentemente de quão importantes nós formos em sentido mundano, isso nunca deve nos cegar para os seres humanos que encontramos em nossos caminhos.

Essa é uma verdade particularmente cara para o casamento.

É muito importante que você esteja sempre consciente de que Michael é um ser humano, e vice-versa. Será de crucial importância, no relacionamento de vocês com seus futuros filhos, exercer a autoridade sobre eles, e ainda assim ter total reverência por suas personalidades.

Assim, em vez de amar Michael para trazê-lo para casa, o ame por quem ele é. Retorne de novo e de novo ao seu baú de tesouros, onde estão suas memórias preciosas, e reflita com gratidão sobre o dom da vida de Michael e de seu amor por ele.

Se renovar todos os dias sua devoção a ele, é certo que o amor de vocês desabrochará novamente.

Deus os abençoe,
Lily

"Eu achava que sabia amar."

Querida *Julie*,

A tristeza que seus defeitos lhe causam me incomoda quando a considero apenas pelo lado negativo. É de fato doloroso para você pensar que, em momentos difíceis, desapontou seu amado em muitos sentidos e não o amou como ele merece.

Mas há um lado positivo, também.

Muitas pessoas se julgam moralmente impecáveis por jamais terem assassinado alguém ou roubado um banco. Seu horizonte espiritual e moral termina aí.

No entanto, quanto mais amamos, mais sensíveis nos tornamos, inclusive às nossas pequenas faltas, que, embora imperceptíveis a olho nu, se tornam visíveis sob a lente de aumento de nosso amor por outra pessoa. Quantas oportunidades perdemos de dizer a palavra certa ou de antever a dificuldade do outro e ajudá-lo quando ele precisa?

Quem ama de verdade descobre que seu amor é imperfeito e lamenta esse fato; queremos que nosso amor seja forte como uma torrente, claro como água pura, ardente como fogo, terno como a brisa leve. Mas, na verdade, apenas quando o amor atinge o nível supernatural, se tornando uma partilha do amor de Cristo, é que se transforma "naquilo que deseja ser".

O fato de você estar desiludida com as falhas de seu amor por Michael indica que aprimorou seu conhecimento de si mesma. Quando vocês se casaram, há dois anos e meio, você acreditava ser capaz de amar muito — alguém para quem o amor seria sempre o principal elemento da vida.

Achava que sempre estaria disposta a abrir mão de tudo pelo seu amor.

Hoje, você sabe, por experiência própria, que viver o amor não é fácil. É muito tentador achar que tem Michael para sempre, pedir, em vez de dar, fazer exigências quanto ao comportamento dele e ao mesmo tempo se ressentir até das menores críticas (embora justas) que ele lhe faz.

Tente considerar esse novo conhecimento que adquiriu sobre si mesma como um motivo de esperança. São muitas as ilusões que temos a nosso respeito: é extremamente fácil nos imaginarmos heroicos, altruístas, generosos e humildes; quão doloroso é descobrir que estamos longe — muito longe — de possuir as nobres virtudes a que aspiramos! E, no entanto, o verdadeiro autoconhecimento demanda que encaremos esse fato.

Você não notou o profundo vínculo que há entre o amor e a humildade? O amor é grandioso e glorioso, mas é revestido pela humildade. Você pode ser um gênio da matemática e ser muito orgulhosa; você pode ter um controle de ferro sobre sua vontade e ser muito orgulhosa; mas você não pode amar e ser orgulhosa.

O amor é uma escola de humildade.

Nesse momento, a descoberta de suas imperfeições a tornou mais humilde, porém, não há motivo para o desespero que mencionou. Você não conseguirá cultivar um amor mais profundo caso se desespere de sua capacidade de amar.

Não é o desespero uma resposta tão equivocada quanto a confiança cega em sua capacidade de amar? Ambas são, na verdade, respostas motivadas pelo orgulho: assim como se julgava capaz de amar (e na prática não era), é um equívoco se julgar uma mulher fria e orgulhosa, incapaz de amar quem quer que seja. Você não é nenhuma das duas coisas — e pensar o contrário é trocar uma cilada por outra.

Pelo contrário, faça dessa descoberta tão significativa uma ocasião para reconhecer sua fraqueza e tente, com a ajuda de Deus, aprender a amar melhor. Um bom nadador não se permite dominar por uma onda poderosa; ele a usa em seu benefício.

A descoberta dolorosa de suas imperfeições pode também ser utilizada para sua santificação e para o aperfeiçoamento de seu casamento. Tudo na vida deve ser uma escola do amor.

Julie, você está crescendo a cada dia. Agora, você vê com clareza coisas que lhe eram espiritualmente invisíveis há poucos meses. Para mim, isso é sinal de um grande progresso. Não perca de vista o fato de que sua avidez pela bondade perdura apesar de suas faltas.

Tenha confiança de que, com a ajuda de Michael e de Deus, o amor de vocês evoluirá até a sublime comunhão à qual todos os casais casados são chamados. Quando Cristo curou o menino possuído, perguntou ao pai da criança: "Tu crês?" E o pai respondeu: "Sim, eu creio. Vem em socorro à minha falta de fé!" Do mesmo modo, você e Michael devem dizer um ao outro: "Sim, eu amo; vem em socorro à minha falta de amor!"

Envio lembranças e o carinho de sempre,
Lily

"Estou aprendendo a me perdoar."

Querida *Julie*,

Suas palavras me alegraram muito. Sinto que você compreendeu a essência dos pensamentos que compartilhei em minha última carta, embora os tenha expressado de forma imperfeita. Você combateu imediatamente a onda de depressão que vinha se apoderando de você e transformou uma derrota em vitória.

Sim, tenho certeza de que Deus perdoa o egoísmo que tem assolado seu casamento — aquele egoísmo travestido de amor que você vem detectando cada vez melhor. Deus sempre nos perdoa quando estamos contritos. (Lembre-se das palavras do Salmo: "Um coração despedaçado e contrito, Ó Deus, tu não desprezarás.")

A divina graça do Senhor ajudará você a encontrar o maravilhoso e necessário equilíbrio entre se reconhecer pecadora e se respeitar enquanto filha de Deus, feita à Sua imagem. É uma corda bamba espiritual pela qual devemos caminhar e, mesmo assim, com perseverança, podemos chegar ao outro lado, pois Deus sempre vem ao nosso auxílio.

Com amor,
Lily

"Tenho tentado rezar mais."

Querida *Julie*,

Seu desejo recente de ter uma vida espiritual mais profunda me deixa muito feliz. Vejo que começou a perceber a importância disso para o seu casamento. Quanto mais você se aproximar de Deus, mais conseguirá amar e mais bela será sua união com Michael.

Como eu a conheço, sabia que iria se atirar em uma "nova vida" com ardor e entusiasmo, o que é sem dúvida louvável. De fato, rezar e ler literatura espiritual será de grande valia para que resolva suas dificuldades diárias à luz de Cristo. Você logo descobrirá que suas batalhas também foram vividas por inúmeras outras almas, cuja vitória se deve à confiança n'Ele, que dá mais a quem mais precisa.

Mas, ao mesmo tempo, creio que também descobrirá que as suas imperfeições, que permaneceram com você depois de casada, a acompanharão nesse novo entusiasmo religioso e, às vezes, poderão levá-la até a fazer coisas maléficas em nome da religião. O problema não será sua recém-estabelecida relação com Deus, mas suas antigas fraquezas enquanto ser humano.

Portanto, recomendo que seja prudente em seu entusiasmo; não force Michael a abraçar sua nova devoção ou o julgue caso ele se recuse a acompanhá-la: só Deus pode julgar. Lembre-se de que todos têm seu próprio ritmo de desenvolvimento e não seria correto exigir que Michael acompanhasse o seu. Nem todas as flores desabrocham ao mesmo tempo.

Você mencionou que ele já fez alguns comentários engraçados e sarcásticos sobre sua nova dedicação à oração

("Eu não sabia que tinha me casado com uma freira"). Talvez ele tema ser deixado de lado se Deus passar a ter um papel central na sua vida.

É claro que o verdadeiro amor a Deus não diminui nosso amor pelas pessoas. Pelo contrário: quanto mais amarmos a Deus, mais amaremos nossos semelhantes, em particular aqueles ligados a nós pelo doce vínculo do amor natural.

Outro perigo, quando descobrimos a beleza de uma vida espiritual intensa, é ceder aos seus deleites e acabar negligenciando os deveres imediatos aos quais Deus nos chama. Em sua admirável *Introdução à vida devota*, são Francisco de Sales afirma, enfático, que a devoção religiosa não deve jamais perturbar a vida familiar. Imagine uma esposa que passe tanto tempo lendo livros religiosos e acabe deixando sua casa bagunçada, seus filhos mal cuidados e o marido de lado, como um aparelho doméstico (ou pior: como um pecador incorrigível, por não compartilhar de seu ardor religioso)! Dickens fez uma caricatura excelente desse perigo espiritual na personagem Mrs. Jellyby, em *A casa abandonada*: ela é tão comprometida com seu trabalho filantrópico em auxílio a uma obscura tribo africana que negligencia cruelmente sua família.

Não sou nenhum profeta, mas uma coisa posso garantir: quanto mais você viver em presença de Deus, consagrando a Ele tudo o que fizer, ouvindo Sua voz, reconhecendo o tema que Ele colocar diante de você e morrendo para si mesma — quanto mais fizer tudo isso, mais belo será seu relacionamento com Michael.

Você aprenderá a ter controle sobre todas essas coisas com as quais tem se preocupado recentemente — sua língua ferina, seu senso crítico e seu humor, que pode ser de péssimo gosto quando não é controlado pela caridade. Michael não tardará a perceber que sua espiritualidade aguçada está na raiz de mudanças muito positivas em sua personalidade e seu comportamento. Ele não fará oposição a práticas religiosas que não o incomodarem (porque você as praticará com discrição) e que o beneficiarão.

Talvez nunca tenha ouvido falar de Elisabeth Leseur, uma francesa que perdeu a fé após se casar com um homem que era um ateu fervoroso. Eles se amavam e tinham um bom casamento, mas ela percebeu que um casamento sem Deus está amputado: falta-lhe algo essencial.

Elisabeth se reaproximou de Deus e começou a levar uma vida espiritual intensa. Contudo, para evitar conflitos com seu marido ateu, ela era tão discreta que ele jamais percebeu que ela se tornara uma ardente católica romana, que havia redescoberto, de forma mais profunda, a mesma fé que abandonara na juventude.

Elisabeth morreu relativamente jovem, mas manteve um diário onde relatou sua transformação espiritual, que é um testemunho vivo dos trabalhos da graça em sua alma. Seu marido encontrou esse documento precioso após sua morte e só então descobriu o quanto ela havia sofrido por conta do ateísmo que ele professava e pelo fato de não poder compartilhar com ele os segredos mais íntimos de sua alma. Ele foi tocado pela graça, se converteu e se tornou padre. (Mais tarde, já como padre, ele costumava chocar aqueles de sua congregação que não conheciam sua história, ao se referir à sua "amada esposa".)

Michael, até o presente momento, não parece compartilhar de seu desejo por uma vida mais intensa e centrada em Deus. Então, o melhor a fazer é seguir o exemplo de Elisabeth Leseur e ser amável, compreensiva e generosa.

Estou certa de que, no tempo de Deus, você terá a alegria de compartilhar sua vida espiritual com seu marido. É um belo futuro pelo qual esperar!

Com todo o meu amor e carinho por vocês dois,
Lily

"Nosso bebê nasce em junho!"

Querida *Julie*,

Enfim, a grande notícia: você está grávida! Li e reli sua carta diversas vezes — para ter certeza de que era mesmo verdade. Essa notícia está cantando em minha alma o dia inteiro, de modo que escrevi esta carta na primeira oportunidade que tive.

Os dois grandes mistérios da vida humana são o amor entre marido e mulher e a fertilidade desse amor. O amor dá vida! Quem poderia imaginar algo mais belo do que o fato de uma criança ser concebida porque seus pais desejam ter um com o outro a mais completa união que pode existir entre dois seres humanos?

Agora, você tem o privilégio inestimável de ter uma nova vida florescendo em seu útero: o fruto misterioso do amor de vocês. Gratidão, reverência, admiração e amor são as únicas respostas adequadas a esse evento, motivo pelo qual você está tão maravilhada. Seu bebezinho, hoje tão minúsculo, não é um mero aglomerado de células; ele é uma pessoa, feita à imagem de Deus e destinada a desfrutar de Sua visão para sempre no Paraíso.

Como eu gostaria de que todas as mulheres que concebessem meditassem sobre isso e agradecessem a Deus, que lhes permitiu participar do mistério de Sua criatividade! De fato, Chesterton está certo quando escreve que, se pensarmos a fundo sobre o mistério da concepção, acabamos colocando em dúvida a igualdade dos sexos. Ele chama a gravidez de "um espantoso privilégio feminino".

Lembro-me de que, quando se apaixonou por Michael, você me disse que começou a se preocupar com ele: você se apavorava quando ele estava viajando e não chegava em casa na hora prevista, quando ele estava doente ou quando estava infeliz.

Agora que está carregando o filho dele em seu ventre, começará a temer de novo: esse pequeno ser é saudável? Está tudo se desenvolvendo normalmente? Esse temor amoroso a acompanhará até que você e seu filho estejam a salvo no paraíso, juntos, protegidos dos perigos desse mundo.

Talvez isso a ajude a compreender por que Michael está tão perturbado pela notícia de sua gravidez e oscila entre orgulho e apreensão quando pensa nesse evento que altera tão profundamente a vida de vocês.

Agora o mistério do seu amor fiel foi coroado com o dom de uma nova vida crescendo em seu útero: uma criança que lhe trará sofrimento, mas também muita alegria, e que a aproximará de Michael mais do que nunca.

Daqui em diante, vocês são *três*, não mais *dois*. Michael teme tanto as mudanças que estão prestes a ocorrer quanto as novas responsabilidades que pesam sobre seus ombros. Ajude-o a se adaptar, compartilhando com ele suas experiências durante a gravidez; conte-lhe das esperanças que você tem para o bebezinho em seu ventre.

Diga o quanto confia nele, para que, com o desenvolvimento da gestação e sua crescente dependência dele, Michael se fortaleça como marido, pai e protetor.

Nos próximos meses, vocês dois devem lutar para despertar e nutrir um no outro um amor profundo por essa criancinha e um amor ainda mais profundo um pelo outro.

Tenho certeza de que uma felicidade que jamais experimentaram os espera.

Quando tiverem medo, devem se lembrar de que essa criança pertence em primeiro lugar a Deus, e que Deus a ama infinitamente mais do que vocês podem amá-la. Ajoelhem-se juntos e, em suas preces diárias, confiem a Deus seu filho, e Ele cuidará melhor desse serzinho do que vocês, pois Ele é todo-poderoso.

Minha querida Julie, testemunhar o amadurecimento do amor entre você e Michael tem sido uma bênção imensurável para mim. Quantas aventuras vocês tiveram juntos!

Do êxtase de sua lua de mel aos problemas que os afligiram, vocês perseveraram no amor. Na alegria e na tristeza, se lembraram de que, embora o casamento seja um ato de ousadia, também é a escola do amor. Juntos, triunfaram sobre muitas dificuldades, pois vivenciaram a profunda alegria do amor fiel. E aprenderam a lição mais importante que qualquer casal pode aprender: vale a pena lutar pelo casamento.

Meu coração está em festa! Alegro-me com vocês e por vocês!

Com carinho,
Lily

Referências

Conselhos a uma recém-casada
"Se alguém que, pelo amor purificado, lograsse a língua d'alma compreender": John Donne, "O Êxtase". "E as mulheres grávidas, que têm sua imaginação aperfeiçoada pelo amor, chegam a imprimir suas esperanças na carne de seus filhos": são Francisco de Sales, *Tratado sobre o amor de Deus*, livro VI, cap. 15.

"Grandioso é o amor!"
"Grandioso é o amor": Thomas de Kempis, *Imitação de Cristo*, livro III, cap. 5. "Trata-se, com efeito, de um ato de ousadia": Sören Kierkegaard, *Ou isso, ou aquilo*, II.

"Cuidar da casa dá tanto trabalho!"
O autor alemão Johann Wolfgang von Goethe utilizava a analogia dos vitrais.

"Sim, ele é o homem certo para mim."
Passagens bíblicas sobre a Transfiguração: Mateus 17,2; Marcos 9,2.

"Simplesmente não consigo estar bem-humorada pela manhã."
"É mais fácil ser um amante do que um marido": Honoré de Balzac, *Fisiologia do casamento* (citado em *A Book of French Quotations*, compilado por Norbert Guterman).

"Tantas festas!"
"Eu-Tu": Cf. Dietrich von Hildebrand, *Metafísica da comunhão*, cap. 2, e também *Humanae Vitae: Um sinal de contradição*, parte I, 6.

"Eu gostaria que o sexo nos aproximasse mais."
"Buscai em primeiro lugar o Reino de Deus": Mateus 6,33.

"Doeu muito ouvi-lo dizer isso."
"O amor acredita em tudo": 1Coríntios 13,7. O crédito do amor: Dietrich von Hildebrand, *A essência do amor*, III.

"Ficamos muito felizes por ver você."
"Reverência é a atitude que pode ser apontada como a mãe de toda a vida moral": Cf. Dietrich von Hildebrand, *Atitudes éticas fundamentais*, cap. 1.

"Michael e eu tivemos uma conversa emocionante!"
"O que vale a pena nunca é fácil": Platão, *A República*, VI, 497.

"Nos divertimos muito no concerto de Natal"
"Pois, em razão do fluxo de beleza que entra por seus olhos, ele sente um ardor, de que se alimenta a plumagem de suas asas, cujas raízes se desfazem nesse mesmo ardor [...] a estrutura da asa se dilata e [...] a alma inteira ganha asas": Platão, *Fedro*, 251.

"Eu gosto de servi-lo!"
"A igualdade é o modo mais certeiro para se chegar à desigualdade": G.K. Chesterton, "A mulher e os filósofos". "Um homem deve se orgulhar mais de prestar um bom serviço do que de dar boas ordens": Platão, *Leis*, VI, 762.

"Eu quero uma lava-louças; ele, um aparelho de som."
"Uma duquesa pode arruinar um duque": G.K. Chesterton, *O que há de errado com o mundo*, parte III, cap. 4 ("O romance da frugalidade"). "Não há, quiçá, duas pessoas": Cardeal John Henry Newman, *A ideia da universidade*, Discurso 2.

"Eu pensei que ele fosse gostar dos planos que fiz para nós."
"Uma mente, uma alma e um coração": tradução do título do belo livro de Marcel Clément sobre casamento: *Un Seul Cur, Line Seule Ame, Une Seule Chair*, Editions de L'Escalade, Paris, 1977. Fusão vs. união: Cf. Dietrich von Hildebrand, *A essência do amor*, cap. 6, e *Humanae Vitae: Um sinal de contradição*, parte II, 4.

"Muitas coisas bobas me irritam."
"Que não se ponha o sol sobre o vosso ressentimento": Efésios 4,26.

"Eu acho beisebol chato e Michael não gosta de arte."
"Deus ama quem dá com alegria": 2Coríntios 9,7.

"Meus planos para a noite foram arruinados."
"Em verdade vos declaro: se não vos transformardes e vos tornardes como criancinhas, não entrareis no Reino dos céus.": Mateus 18,3.

"Ainda estou brava com ele."
"Não é suficiente ter razão". G. Marcel, *Le Quatuor en Fa Dièze*.

"Se ele tivesse me ouvido..."
"Agora é a hora de livrá-lo de sua vontade própria, punindo-o, porém, cuidando para não o desonrar": Platão, *As Leis*, VII, 793.

"Quer dizer que é errado criticar Michael?"
"Também essas pessoas foram por mim odiadas, embora não com um ódio perfeito: pois eu talvez as odiasse mais por me terem prejudicado e não pelo fato de terem praticado atos profundamente imorais": Santo Agostinho, *Confissões*, livro V, 12.

"Eu não me importo de estar bem-vestida."
"São Paulo [1Timóteo 2,9] recomenda que as mulheres devotas, bem como os homens, vistam-se 'com trajes decentes, adornando-se com modéstia e sobriedade'": São Francisco de Sales, *Introdução à vida devota*, parte III, cap. 25.

"*Por que não posso ser simplesmente eu mesma?*"
Sentimentos válidos/inválidos: Cf. Dietrich von Hildebrand, *Ética*, cap. 25.

"É tão difícil mudar."
A edição em língua inglesa de *A nossa transformação em Cristo* é publicada pela Sophia Institute Press, Caixa Postal 5284, Manchester, NH 03108. "Mas aquilo que *todo* indivíduo ama mais até do que seu filho único, seu filho prometido, mais do que seu único amor sobre a terra e no céu é sua vontade própria": Sören Kierkegaard, *Discursos cristãos*, parte 1, cap. VII.

"Tenho feito muitas horas extras."
"O amor é a única real felicidade, e não se pode obtê-la recebendo, mas dando": Malcolm Muggeridge, *The Green Stick*, cap. 1.

"*Nosso casamento não tem sido o mesmo ultimamente.*"
"Ao que se diz sobre a vida eterna, de que lá não há suspiros nem lágrimas, pode-se acrescentar: nem hábito": Sören Kierkegaard, *As obras do amor*, parte 1, cap. II, A.

"Conviver será difícil esta semana..."
Casamento: o mistério do amor fiel é publicado pela Sophia Institute Press, Caixa Postal 5284, Manchester, NH 03108.

"Talvez eu o critique demais."
História de santa Mônica: Cf. *Confissões*, de santo Agostinho, IX, 9.

"Eu pedi perdão a ele."
"O orgulho deixa o coração humano assim que o amor se faz presente": Théophile Gautier, *Mademoiselle de Maupin*, citado em *The Book of French Quotations*, compilado por Norbert Guterman.

"Ele esqueceu nosso aniversário de casamento!"
"Deus criou o homem à sua imagem; criou-o à imagem de Deus, criou o homem e a mulher." Gênesis 1,27.

"Não consigo ignorar todos os defeitos dele."
"O amor acredita em tudo": 1Coríntios 13,7.
"O amor é paciente e gentil": 1Coríntios 13,4-7.

"O colega de Michael só se preocupa com dinheiro."
"Perdi toda esperança de ascensão": Dante, *A divina comédia*, canto I, verso 54.
"Somente Ele pode saciar meu imenso desejo": St. Thérèse de Lisieux, manuscrito A, fólio 81 (para madre Agnes de Jesus); "Não serão meus imensos desejos meramente um sonho, um tipo de loucura?": manuscrito B, fólio 4 (para irmã Maria do Sagrado Coração).

"Eu achava que sabia amar."
"E o pai da criança respondeu: 'Sim, eu creio. Vem em socorro à minha falta de fé!'": Marcos 9,24.

"Estou aprendendo a me perdoar."
"O verdadeiro e aceitável sacrifício ao Eterno é o coração contrito; um coração quebrantado e arrependido jamais será desprezado por Deus!": Salmos 51,17.

"Tenho tentado rezar mais."
A verdadeira devoção "não somente é incapaz de atrapalhar qualquer vocação ou atividade cotidiana, como, pelo contrário, adorna-a e embeleza-a": São Francisco de Sales, *Introdução à vida devota*, I, cap. 3.

"Nosso bebê nasce em junho!"
"É impossível contemplar este assombroso privilégio feminino e realmente acreditar na igualdade dos sexos": G.K. Chesterton, *O que há de errado com o mundo*, parte III, cap. 10 ("A anarquia superior").

DIREÇÃO EDITORIAL
Daniele Cajueiro

EDITOR RESPONSÁVEL
Hugo Langone

PRODUÇÃO EDITORIAL
Adriana Torres
Laiane Flores

REVISÃO
Anna Beatriz Seilhe
Isis Batista
Michele Sudoh

DIAGRAMAÇÃO
Futura

Este livro foi impresso em 2022
para a Petra.